Début d'une série de documents en couleur

COMPTE

DU

TEMPOREL

DE

L'ÉVÊCHÉ DE MEAUX

(1425-1426)

PUBLIÉ PAR

Paul PARFOURU

Archiviste d'Ille-et-Vilaine

PARIS

ALPHONSE PICARD ET FILS, ÉDITEURS

82, RUE BONAPARTE, 82

—

1900

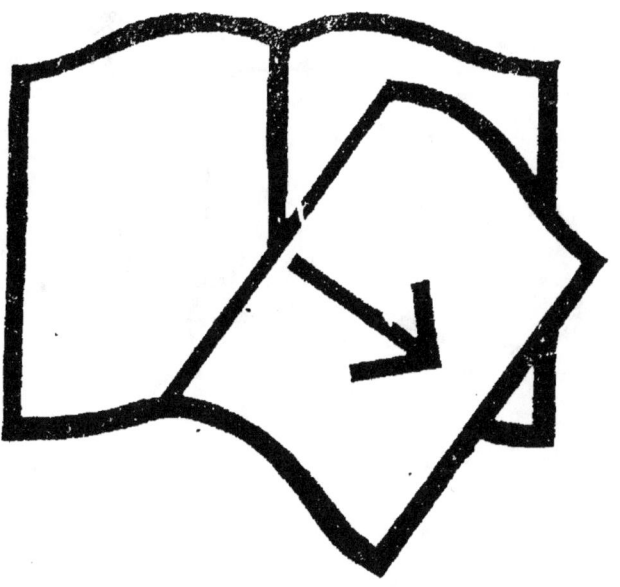

Couverture inférieure manquante

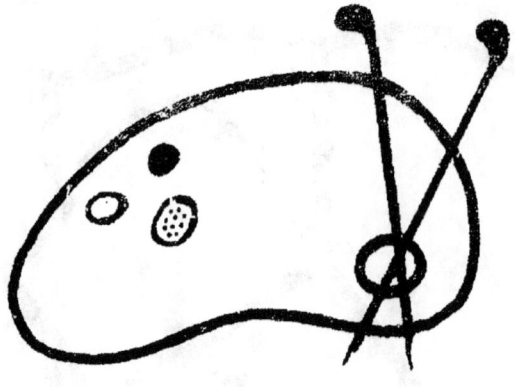

Fin d'une série de documents en couleur

A Monsieur Léopold Delisle
Respectueux hommage
P. Parfouru

COMPTE

DU

TEMPOREL DE L'ÉVÊCHÉ DE MEAUX

(1425-1426)

COMPTE
DU
TEMPOREL
DE
L'ÉVÊCHÉ DE MEAUX

(1425-1426)

PUBLIÉ PAR

Paul PARFOURU

Archiviste d'Ille-et-Vilaine

PARIS
ALPHONSE PICARD ET FILS, ÉDITEURS
82, RUE BONAPARTE, 82
—
1900

INTRODUCTION

I

On sait que les archives de la Chambre des comptes de Paris, fortement éprouvées déjà par l'incendie du 27 octobre 1737, furent de nouveau décimées en 1791, et surtout en l'an V par le fameux *Bureau du triage*, dont « l'œuvre néfaste porta principalement sur les comptes et pièces justificatives de dépenses » (1). Le chiffre exact des documents mis au rebut et détruits en brumaire an V s'élève à 14,760 liasses et registres, de 1300 à 1791.

De nombreux comptes du trésor royal furent vendus vers 1793 et livrés à l'industrie de la reliure, soit à Paris, soit en province. Un lot de ces vieux registres vint s'échouer dans le département d'Ille-et-Vilaine, et bientôt leurs feuillets de parchemin, plus ou moins mutilés, furent transformés, par des relieurs du cru, en couvertures de l'état civil de diverses communes, principalement dans les districts de Redon et de Bain (registres de l'an III).

C'est au greffe de Redon que la première découverte en a été faite, en 1893, par un érudit breton, M. René Le Bourdellès, alors procureur de la République à Redon et aujourd'hui à Saint-Brieuc. M. Le Bourdellès reconnut aussitôt l'ancienneté de l'écriture et l'intérêt de ces feuillets de parchemin. Il s'empressa de les recueillir. Portant ensuite ses

---

(1) Jules Viard, *Les opérations du bureau du triage*, etc. (*Bibliothèque de l'École des Chartes*), tome LVII, 1896, p. 412.)

investigations dans les mairies du ressort, il eut la bonne fortune d'y faire de nouvelles trouvailles de même nature. En 1896, le greffe du tribunal civil de Rennes lui fournissait plus d'une vingtaine de feuillets, toujours sous forme de couvertures de l'état civil, dont M. Robert, greffier en chef, a fort aimablement autorisé l'enlèvement. M. Le Bourdellès a bien voulu céder aux Archives départementales d'Ille-et-Vilaine son ample moisson de documents, fruit de ses patientes recherches ; qu'il me soit permis de lui offrir ici de nouveaux remerciements.

Les 114 feuillets doubles, ou 228 feuillets simples, formant 456 pages de parchemin in-4°, ainsi recueillis et groupés méthodiquement par M. Le Bourdellès, auxquels sont venus s'ajouter depuis 15 autres feuillets doubles, trouvés par moi-même au cours de mes inspections d'archives communales, proviennent certainement de l'ancienne Chambre des comptes de Paris. Les plus anciens et aussi les plus curieux sont 40 feuillets d'un compte et d'un inventaire du *Clos des galées lez Rouen* (1382-1384). Ce compte a été publié, avec une savante introduction, par M. Charles Bréard, auteur de travaux très estimés sur l'histoire maritime de la Normandie (1).

Les autres feuillets ont appartenu à des comptes divers : comptes de l'Ordinaire de l'artillerie (1491), comptes de l'Epargne (1504 1541), comptes de la marine du Levant (1558-1563), comptes de la vicomté d'Avranches (1425-1427), et de la vicomté de Neufchâtel (1444-1550), comptes de l'évêché de Meaux (1423-1426).

C'est de ces derniers seulement que nous allons nous occuper dans cette notice.

II

Les comptes de l'évêché de Meaux, outre leur intérêt spécial au point de vue de l'histoire diocésaine au xve siècle (2), m'ont paru emprunter à leur date même une importance exceptionnelle. En effet, c'est presque au lendemain de la prise de Meaux par Henri V d'Angleterre que commence leur rédaction. Malgré de nombreuses lacunes, malgré de regrettables mutilations, ces pages vont nous fournir, avec des chiffres précis, maints détails caractéristiques sur les conséquences désastreuses de cet

(1) *Le Compte du Clos des galées de Rouen au* xive *siècle (1382-1384)*, recueilli par René Le Bourdellès, publié et annoté par Charles Bréard. Rouen, Cagniard, 1893.

(2) Le fonds de l'évêché de Meaux aux Archives de Seine-et-Marne est très pauvre en documents du xve siècle et des temps antérieurs. Nos comptes vont nous donner l'explication de cette pénurie.

épisode de la guerre de Cent ans pour la ville de Meaux et les campagnes de la Brie.

Les péripéties et les horreurs du siège de Meaux sont bien connues, grâce aux *Chroniques* de Monstrelet et surtout au curieux *Journal d'un bourgeois de Paris*, qui contient une peinture si vive, si réaliste des cruautés du féroce bâtard de Vauru (1). C'est le 10 mars 1422 que l'armée anglaise pénétra dans la ville, après un siège de six mois ; mais la garnison de la forteresse, dite le *Marché*, ne se rendit que le 2 mai suivant. Tout le pays environnant avait extrêmement souffert de la présence prolongée des gens d'armes. De cette ruine, attestée par les chroniqueurs du temps, nos comptes vont fournir une preuve nouvelle.

L'évêque de Meaux était alors Robert de Girême. Fait prisonnier avec les chefs des assiégés, il fut d'abord conduit à Paris, puis emmené en Angleterre, où il devait mourir le 19 janvier 1426. A peine entré dans Meaux, Henri V se saisit du temporel de l'évêché et en confia l'administration en régale à des agents dévoués à sa cause, sous la surveillance du nouveau bailli royal, Jean Choart, successeur de Louis Gast, décapité à Paris le 26 mai 1422 (2). Le point de départ de la régale fut le 22 avril 1422 et, chose curieuse, le receveur de Meaux, Jean Hugot, chargé de la régie des biens épiscopaux, déclare « qu'ils ont esté prins et mis en la main du Roi, à cause de son droit de régale escheu par le trespassement de feu maistre Jehan de Sains, jadis evesque de Meaux ». Or, Jean de Saints était décédé le 20 septembre 1418 ; le nom de son successeur, l'infortuné Robert de Girême, ne fut même pas mentionné dans les lettres royaux relatives à la saisie de ses revenus (3).

Cette mainmise par droit de régale sur le temporel, ainsi que sur la juridiction séculière de l'évêché de Meaux, devait durer quatre ans quatre mois et sept jours, depuis le 22 avril 1422 jusqu'au 28 août 1426, veille du jour où un nouvel évêque en prit possession, comme on le verra plus loin.

Il n'a été retrouvé aucun fragment du compte de la première année, c'est-à-dire du 22 avril 1422 au 24 juin 1423. Les comptes des trois années suivantes sont représentés par 94 feuillets en parchemin, dont 6 seulement appartiennent au compte de 1423-1424, 24 au compte de 1424-1425 et 64 à celui de 1425-1426. Ce n'a pas été chose facile de répartir et mettre en place tous ces feuillets non paginés.

(1) *Journal d'un Bourgeois de Paris*, édition Tuetey, p. 168-170.
(2) *Ibid.*, note de la page 173.
(3) Du moins dans l'analyse que nous en donne le receveur Hugot. Ces lettres, dont il a omis d'indiquer la date, ne se trouvent pas aux Archives nationales, non plus que d'autres dont nous aurons occasion de parler au cours de cette étude.

III

Abordons maintenant l'analyse de ces comptes. Suivant l'usage d'alors, ils se divisent en deux parties principales : dans la première, figurent les recettes et dépenses en nature; dans la seconde, les recettes et dépenses en argent. Comme les terres ou fiefs de l'évêché de Meaux donnaient tout à la fois des revenus en nature et en argent, il en résulte d'assez nombreuses redites. Pour éviter autant que possible ces répétitions dans le présent résumé, nous ne suivrons pas exactement l'ordre adopté par le comptable.

RECETTES EN NATURE

§ 1. — Grains.

Les rentes en blé et en avoine étaient fixes ou non muables, et variables ou muables.

1° *Rentes non muables.* — Elles se percevaient sur quatre abbayes et sur le chapitre Saint-Étienne de Meaux. Voici le nom des abbayes tributaires, avec le chiffre normal des rentes en grains dues par chacune d'elles à l'évêché de Meaux : abbaye de Saint-Faron-lez-Meaux (4 muids de blé); abbaye de Rebais, pour la grange d'Ussy (2 muids de blé et 2 muids d'avoine); abbaye de Jouarre, pour les granges de May-en-Multien et de Trocy (12 muids 8 setiers de blé, 5 muids 4 setiers d'avoine); abbaye du Lieu-Restauré, pour son prieuré de Mâquelines (6 setiers de blé) (1).

Sur ces 26 muids 6 setiers de grains, le comptable de la régale ne reçut en 1425 que le tiers environ, soit 9 muids 4 setiers 1 boisseau.

L'abbesse et les religieuses de Jouarre avaient déclaré que le triste état de leurs terres les mettait dans l'impossibilité de payer la lourde charge de 18 muids. Sans tenir compte de leur misère, l'agent royal fit saisir les domaines de l'abbaye. Mais la Chambre des comptes leur accorda mainlevée et réduisit la redevance à 16 setiers 1 boisseau.

D'autre part, les 6 setiers du prieuré de Mâquelines ne purent être perçus, par la raison péremptoire que ce prieuré était inhabité et ses « terres en friche, à l'occasion de la guerre ».

Quant à la rente sur le chapitre Saint-Étienne de Meaux, dont le chiffre

---

(1) Le comptable a soin d'indiquer la valeur relative de ces mesures : le muid valait à Meaux 12 setiers et le setier 8 boisseaux. On comptait aussi par mines et minots pour les grains. La mine contenait 4 boisseaux et le minot 2 boisseaux seulement.

n'est pas indiqué, il fut impossible également d'en obtenir le payement pendant toute la durée de la régale, attendu que « toutes les terres du chapitre estoient en friche et en ruine ». Cette phrase explicative revient comme un refrain, presque à chaque page de nos comptes, de même que le mot « neant » en guise de recettes.

D'autres redevances fixes ou non muables en avoine, avec des *coutumes* consistant en chapons, « vinoisons » et fouasses, se levaient le lendemain de Noël sur divers tenanciers des quatre villes ou paroisses de Villenoy, Varreddes, Germigny et Etrépilly, dont l'évêque de Meaux était seigneur. La comparaison entre les recettes ordinaires et celles qui correspondent à la période de la régale va nous renseigner avec précision sur l'état de ces localités au point de vue agricole.

Villenoy. — Redevances ordinaires : 42 setiers ou 3 muids 6 setiers d'avoine, 53 chapons, 25 setiers 11 pintes de vin « vinoisons », et 25 fouasses et demie et un quart de fouasse ou 8 sous 7 deniers tournois (1). La recette de 1425 n'accuse que 8 setiers 5 boisseaux d'avoine, 11 chapons, 4 setiers 11 pintes de vin et 22 deniers pour fouasses. Le reste est porté par le comptable en non-valeur : « Et le surplus des dites redevances a esté en non-valoir, pour ce que les heritages de ce redevables ont esté et sont en friche, savart (terres incultes), ruine et de nulle valeur, et n'y a aucuns detenteurs apparens, et sont les aucuns detenteurs trespassez et leurs hoirs non apparens, ou absens, et les autres sont alez hors du pais tout à l'occasion de la guerre ; autres les denient estre leurs. »

Varreddes. — Redevances ordinaires : 11 muids 2 boisseaux d'avoine, 108 chappons et demi (2), 100 setiers de vin et 50 fouasses et demie ou 16 sous 10 deniers (3). Recette en 1424 : 7 muids 1 setier 7 boisseaux d'avoine, 65 chapons, 65 setiers de vin et 10 sous 10 deniers pour fouasses. Le surplus est porté en non-valeur, comme précédemment.

Germigny-l'Évêque. — Redevances ordinaires : 5 muids 3 setiers 2 boisseaux d'avoine, 38 chapons, 15 setiers 3 pintes de vin et 15 fouasses et demie et un huitième de fouasse ou 5 sous 2 deniers obole (4). Recette

(1) A Villenoy, chaque arpent des tenures sujettes à cette taxe devait 3 mines d'avoine (1 setier 4 boisseaux), 2 chapons, 1 setier (8 pintes) de vin et 4 deniers pour fouasses. Les fouasses se payaient en argent et non en nature.

(2) Plus 11 chapons et demi, payables avec les grands cens (II° partie).

(3) A Varreddes, chaque arpent devait 2 setiers d'avoine, 2 chapons, 2 setiers ou 16 pintes de vin et 4 deniers pour fouasses.

(4) A Germigny, chaque arpent devait 2 setiers d'avoine, 2 chapons, 1 setier de vin et 4 deniers pour fouasses.

en 1425 : 1 muid 1 setier 5 boisseaux d'avoine, 8 chapons, 14 pintes et 1 chopine de vin, et 14 deniers obole pour fouasses. Le reste en non-valeur.

Étrépilly. — Redevances ordinaires : 13 setiers 5 boisseaux d'avoine (2 setiers par arpent). Pas de coutumes. Recette nulle en 1424 et en 1425, « parce que, observe le comptable, la dite ville est moult despueplée et n'y demouroit que ung pou de povres gens, et estoient les heritages d'icelle ville en friche et en ruine, comme il appert par certificacion de mons' le bailli et [du] procureur du Roy à Meaux ».

2° *Rentes muables ou variables en grains*. — Ces rentes muables provenaient de la ferme de plusieurs granges épiscopales situées, avec leurs terres et dépendances, dans les quatre paroisses précitées et dans celle de Barcy. C'est par la paroisse de Barcy que s'ouvre ce chapitre, où il n'est naguère question que de ruines. On affermait ordinairement, avec les revenus des terres, certaines redevances seigneuriales, telles que dîmes des grains, des chènevières, des agneaux, corvées de chevaux et voitures, etc.

Barcy. — Cette paroisse, de même que celle d'Étrépilly, paraît avoir été particulièrement éprouvée par la guerre de 1421. Hôtel en ruine ; population réduite à quelques pauvres gens ; personne pour affermer les terres de l'évêque ; territoire presque entièrement en friche et sans labour, « à l'occasion de la guerre ». Cet article contient une révélation intéressante ; il nous apprend que *tous les papiers et registres de l'évêché de Meaux furent perdus ou gâtés lors de la prise de la ville.*

Etrépilly. — Hôtel en ruine et terres incultes, faute de fermier. Il ne restait en ville « que une ou deux foibles voitures » pour faire les corvées : on renonça à les réquisitionner. Seule la dîme des grains produisit quelque revenu : 4 setiers d'avoine en 1425, 8 setiers de blé et 4 d'avoine en 1426.

Villenoy. — Cette petite localité, malgré sa proximité de la ville de Meaux (2 kilomètres seulement), semble avoir un peu moins souffert de la guerre que les quatre autres paroisses. On avait pu affermer les revenus de la grange épiscopale, ainsi que les prairies, le four de l'hôtel, les corvées de chevaux, les dîmes et champarts des grains. Cette ferme rapporta, en 1424, 22 setiers 4 boisseaux de grain. Dès l'année suivante, le revenu s'éleva à 4 muids et demi ou 54 setiers. La reprise des travaux agricoles y fut donc assez rapide.

Varreddes. — La misère paraît avoir été grande à Varreddes; aussi la recette de cet article fut-elle nulle en 1424, sauf pour les dîmes et champarts des grains, dont la ferme produisit 12 setiers. Il y eut augmentation les deux années suivantes: 18 setiers en 1425 et 4 muids 8 setiers en 1426. De plus, en 1426, il se trouva des paysans pour labourer et ensemencer soit en blé soit en avoine environ 80 arpents de terre au prix de 2 boisseaux par arpent; ce qui prouve une amélioration sensible de l'agriculture. Mais l'hôtel et le four banal étaient en ruine, et le colombier vide de pigeons.

Germigny. — En ruine également l'hôtel, et en friche les terres de la grange de Germigny. On retira cependant un certain revenu de la dîme des grains : 15 setiers en 1424 et 22 en 1426.

§ 2. — Vin.

L'évêque de Meaux possédait des vignes à Varreddes, à Villenoy, à Crégy et dans les « Larris » de Meaux. Mais les vignes de Varreddes et de Villenoy avaient été gelées avant l'époque de la régale; elles étaient par suite restées en friche. Seul, un demi-arpent de vigne sis aux Larris de Meaux put être vendangé. On récolta une queue et trois poinçons de vin en 1424, et une queue et demie en 1425 (1). Le prix de vente de ce vin sera mentionné plus loin, aux recettes en argent.

L'évêque percevait, en outre, des « vinoisons » à Varreddes, à Germigny et à Villenoy, comme on l'a vu précédemment (coutumes). Quant à la dîme du vin des mêmes paroisses, elle se payait en argent.

§ 3. — Chapons, poussins, gelines.

La redevance en chapons faisait partie des *coutumes*, dont on a parlé plus haut ; inutile d'y revenir (2).

Les poussins se levaient le jour Saint-Etienne, à raison d'un poussin par « chaque feu non privilégié », sur les habitants de Villenoy, Varreddes, Germigny et Etrépilly. La recette fut peu importante en 1425 (36 poussins pour les quatre paroisses).

---

(1) La queue de vin contenait 40 setiers (mesure d'Auxerre, usitée à Meaux, d'après ces comptes).

(2) Il faut ajouter qu'à Barcy se percevaient également des coutumes, au nombre de sept, de 2 chapons chacune.

Par gelines, on entendait soit des poules, soit des gelinottes des bois de Germigny. On en reçut 8 en 1425.

Citons pour mémoire diverses autres redevances en nature, telles que pois et fèves, pourceaux, pigeons, dîme des agneaux et des oisons, dont on ne put rien obtenir pendant la régale, et passons aux recettes en argent.

RECETTES EN ARGENT

§ 1. — Redevances seigneuriales et fermages.

Un premier paragraphe comprend diverses redevances en argent, telles que grands et menus cens, taille, lods et vente, dîme du vin et autres droits seigneuriaux, payés par les habitants de Meaux, Villenoy, Varreddes, Germigny, Etrépilly et Barcy. Le comptable y a mêlé les revenus en argent des terres et immeubles appartenant à l'évêque de Meaux. Jetons-y un rapide coup d'œil, en citant quelques chiffres.

Meaux. — Une regrettable lacune nous prive du commencement des articles concernant la ville de Meaux et sa banlieue. Ce qui reste suffit néanmoins pour donner une idée des droits de l'évêque, en même temps que des pertes résultant de la guerre.

Nous trouvons d'abord les « cens du donjon ». Ce droit se levait sur le « bourc hors de la porte Saint-Remi de Meaux ». Son produit annuel s'élevait ordinairement à 15 sous 4 deniers tournois ; mais il est réduit à 4 sous 9 deniers en 1423 et en 1425, parce que « le dit bourc et autres heritages sur quoy se prennent lesditz cens ont esté abbatus et demoliz durant la guerre ».

Voici quelques autres droits qui se levaient dans la ville épiscospale :

Moitié du minage et tonlieu de Meaux (1); l'autre moitié appartenait au vicomte de Meaux. Recette en 1425 : 32 livres (total : 64 livres).

Droit de minage sur le sel, à raison d'un boisseau par muid (la recette manque, la marge ayant été coupée).

Pontonnage de la foire de mai. Récolte nulle, la foire n'ayant pu se tenir pendant le temps de la régale, « à cause de la grant povreté et diminucion du peuple, à l'occasion de la guerre ». C'est toujours le même refrain.

---

(1) Cf. une déclaration du temporel de l'évêché de Meaux, du 21 septembre 1503, en copie (Archives nationales. P. 2889²).

La pêche des fossés Saint-Remi fut affermée 4 livres en 1425 et 6 livres 10 sous en 1426.

Une autre source de revenus était la vente de l'herbe des prairies que l'évêque possédait le long de la Marne, tant dans la banlieue de Meaux qu'à Varreddes et à Germigny. Cette vente produisit environ 10 livres tournois en 1425. Mais l'année suivante, une crue de la Marne inonda toutes ces prairies et la récolte des foins fut totalement perdue.

Germigny-l'Évêque. — Menus cens de la Saint-Remi, d'une valeur ordinaire de 8 livres 4 deniers (1). Recette en 1425 : 4 livres 15 sous 8 deniers.

Lods et ventes des « heritages vendus et mouvans desd. cens », néant.

Taille, « qui ne croist ne apetisse », 25 livres. Messerie ou sergenterie (2), 2 livres. Les habitants de Germigny obtinrent remise entière de cette double redevance pour 1424 et 1425.

Dîme des chènevières, affermée 5 sous tournois en 1425.

Barge ou bac sur la Marne, affermée 10 sous en 1425 et 3 livres en 1426.

Pêcherie des moulins de Germigny, affermée 20 livres 8 sous en 1425 et 15 livres en 1426.

Garenne ; recette nulle, « parce qu'elle a esté moult foulée durant la guerre et que les counins (lapins) estoient en trop petit nombre ».

Mairie de Germigny (3), affermée 20 sous à Pierre Baynel, en 1425 et 1426.

Taille des « forains de serve condicion demourant hors de la ville de Germigny (4) », 12 deniers chacun. Cette redevance était laissée au maire, qui devait les surveiller en raison de son office.

Vente de bois à messire Jean Disque, capitaine de Meaux, pour son chauffage et usage, au prix de 40 sous l'arpent : 18 livres.

Varreddes. — Menus cens de la Saint-Remi, valant ordinairement

(1) Le comptable remarque qu'en 1409, époque où le temporel de l'évêché de Meaux avait été tenu en régale, les cens de Germigny n'avaient valu que 7 livres 15 sous. Cette régale a dû précéder la prise de possession de cet évêché par Jean de Saints, nommé le 20 août 1409.

(2) Il s'agit d'une redevance destinée à assurer la surveillance des moissons et de récoltes.

(3) « Le maire avait pour fonction de gérer le domaine seigneurial, c'est-à-dire percevoir tous les revenus, toutes les redevances, exercer la justice ou tout au moins exécuter les arrêts du seigneur » ou de son bailli. (H. Sée, *Étude sur les classes serviles en Champagne, du XIe au XIVe siècle.* Paris, 1895; page 16.)

(4) Cela veut dire, croyons-nous, que tout serf, toute personne de corps de la seigneurie, qui avait quitté cette seigneurie, devait payer une taille de 12 deniers.

10 livres 4 sous 6 deniers. Recette en 1425 : 8 livres 12 sous 10 deniers.

Lods et ventes en 1425 : 11 sous 5 deniers obole, pour deux ventes, à raison de 20 deniers pour livre.

Taille : 55 livres ; messerie : 5 livres. Réduction de moitié par ordonnance de la Chambre des comptes, du 6 septembre 1424.

Grands cens sur divers héritages : 12 livres environ, au lieu de 32 livres, perçues en temps ordinaires. Chaque arpent devait 12, 16 ou 18 sous, suivant la qualité des terres.

Mairie de Varreddes, affermée 4 livres à Jean Luquet.

Taille des forains de condition servile : 12 deniers chacun, comme à Germigny.

Dîme du vin, affermée 15 livres.

Comme le four banal était en ruine, les habitants de Varreddes, réduits à « ung pou de povres gens », devaient aller chercher leur pain à Meaux, distant de 2 lieues.

Villenoy. — Menus cens de la Saint-Remy, montant en temps ordinaire à 8 livres 6 sous 9 deniers. Recette en 1425 : 6 livres 12 sous 6 deniers obole.

Taille : 30 livres ; messerie : 10 livres. Remise entière de ces deux redevances fut accordée par la Chambre des comptes (ordonnance du 12 décembre 1424), « vu la grande indigence et povreté » des habitants de Villenoy.

Mairie de Villenoy : recette nulle, personne n'ayant voulu affermer cet office.

Taille des forains de condition servile : 12 deniers chacun. Il paraît qu'il n'y avait alors aucun serf de Villenoy, domicilié hors de cette ville.

Dîme du vin, affermée 10 livres (y compris la dîme du vin des Larris de Meaux et de Crégy).

Étrépilly. — Menus cens de la Saint-Remi, montant ordinairement à 4 livres 18 sous 10 deniers. Recette en 1424 : 1 livre 8 sous 10 deniers obole.

Taille : 62 livres ; messerie : 7 livres. Les habitants d'Etrépilly furent dispensés du paiement de ces redevances, comme ceux de Germigny et de Villenoy.

Barcy. — Rente de 6 sous, le jour de la Saint-Remi.

Il était dû quelques autres droits dans les paroisses d'*Esbly*, de *Chalifert*, de *Moisy-le-Temple*, de *Montagny* ; mais on ne put rien percevoir, toujours à l'occasion de la guerre.

Hôtel à Paris. — Les évêques de Meaux possédaient un hôtel à Paris, rue Saint-Pol. Il en est question dans l'*Histoire des antiquités de Paris*, par Sauval, qui nous apprend que dès l'année 1421 cet hôtel avait été mis dans la main du Roi (tome III, p. 269). Le comptable de Meaux n'en parle que pour mémoire, attendu qu'un sergent-à-verge au Châtelet de Paris, Thierry Morisson, avait été chargé d'en toucher le loyer. Mais il paraît, par l'un de nos comptes (1423), que cet hôtel était fort délabré.

Les comptes mentionnent pour mémoire certains devoirs féodaux dus à l'évêque de Meaux, tels qu'une paire de bottes par l'abbé de Saint-Faron et par les prieurs de Sainte-Cécile et de la Selle-en-Brie ; un besant d'or, d'une valeur de 20 sous, par les chanoines de la Chapelle-de-Crécy et par ceux d'Oissery. Ces devoirs étaient, paraît-il, du ressort de la juridiction spirituelle, sur laquelle ne s'étendait point le droit de régale.

Pareillement, une redevance de 60 pains blancs, etc., dont était chargé l'abbé de Saint-Germain-des-Prés, à cause de son prieuré de Saint-Germain-lez-Couilly, fut considérée jusqu'à nouvel ordre comme devoir d'ordre spirituel.

Enfin, les habitants de Brégy, de Congis et d'Etrépilly devaient chaque année un dîner à l'évêque de Meaux, à l'époque où il lui plaisait d'aller visiter ces paroisses.

§ 2. — Rachats, reliefs et quints-deniers.

Sous cette rubrique figurent, dans le compte de 1425-1426, trois articles :

1° une somme de 16 livres payée par un bourgeois de Paris, Richard de la Marre, pour le *quint-denier* d'un fief sis à Charny et mouvant de l'évêque de Meaux.

2° Une somme de 20 sous, reçue de Robert Gilleron, bourgeois de Meaux, pour le relief du fief susdit.

3° Enfin, une somme de 300 livres parisis, due pour le relief de la vicomté de Meaux et de la Ferté-sous-Jouarre, par Jean de Luxembourg (1), comte de Guise, à cause de sa femme Jeanne de Béthune, vicomtesse de Meaux. Mais Henri VI lui fit remise de ces 300 livres parisis par lettres du 5 juillet 1425, vérifiées en Chambre des comptes le 17 avril 1426.

---

(1) Jean de Luxembourg, seigneur de Beaurevoir et de Choquer, puis comte de Guise, [ensuite vicomte de Meaux], était frère de Louis de Luxembourg, évêque de Thérouanne, chancelier de France pour le roi d'Angleterre. (Longnon, *Paris pendant la domination anglaise*, note de la page 32.)

§ 3. — Droits de justice.

Les droits de justice, consistant en amendes et défauts prononcés par la juridiction temporelle, constituaient une importante source de revenus pour l'évêché de Meaux. Malgré une lacune au début de ce paragraphe, il est possible de se rendre compte de la nature et du montant approximatif de ces droits.

Les amendes étaient taxées à 7 sous 6 deniers, à 10 sous et à 60 sous. Citons comme exemple une amende de 7 sous 6 deniers, infligée à un nommé Jacques Huet, pour avoir été pris jouant aux dés.

Les défauts, très nombreux à 3 sous 9 deniers, montaient parfois à 60 sous (pour défaut de comparution d'un délinquant).

§ 4. — Vente de grains, vin, chapons, etc.

Les revenus perçus en nature étaient généralement mis en vente à deniers comptants. Les grains des années 1424, 1425 et 1426, emmagasinés dans une des salles de l'évêché de Meaux (1), furent vendus sur le marché de cette ville ou à la Ferté-sous-Jouarre, par les soins du comptable.

Les prix offrent une certaine variété : le setier de blé valut successivement 15, 25, 23 et 20 sous ; le setier de seigle, 20 et 15 sous ; le setier d'avoine et d'orge, 15 sous.

Le vin récolté aux Larris de Meaux se vendit à raison de 3 livres la queue (40 setiers) et de 2 livres le poinçon, en 1424 ; soit 18 deniers le setier (mesure contenant sans doute 8 pintes). L'année suivante, la queue de vin atteignit le prix de 4 livres, ou 2 sous le setier.

Enfin, la vente de 43 chapons et demi produisit une somme de 5 livres 8 sous 9 deniers, à raison de 2 sous 6 deniers le chapon. La vente de 73 poussins rapporta 73 sous, soit un sou le poussin ; et 8 gelines se vendirent 13 sous 4 deniers, ou 20 deniers la pièce.

---

(1) Il en coûta 7 sous 6 deniers pour faire boucher avec du plâtre plusieurs trous qui existaient dans le plancher et les murs de cette salle, afin d'empêcher les souris de manger le grain.

DÉPENSES EN NATURE ET EN ARGENT

§ 1. — Dépenses à héritage.

On appelait ainsi diverses redevances dont se trouvaient chargées les terres de l'évêque de Meaux, charges qui n'étaient pas très lourdes. C'était d'abord une rente annuelle de 3 muids d'avoine, due au chapitre de Saint-Etienne de Meaux, à prendre sur la grange dîmeresse de Villenoy. Cette rente fut réduite à 18 setiers en 1425.

Le même chapitre avait droit à une rente de 13 livres 10 sous tournois, le jour de l'Epiphanie pour les « anniversaires ». Mais cette redevance avait été supprimée et les chanoines avaient obtenu en échange d'être exempts de la juridiction de l'évêque.

Celui-ci devait servir deux autres rentes : l'une de 30 sous au trésorier de l'église cathédrale de Meaux, savoir 20 sous pour le donjon et 18 sous pour le fief de Congis ; l'autre de 7 livres parisis aux Religieux de l'église Saint-Éloi de Paris, sur l'hôtel de la rue Saint-Pol.

De plus, un cens annuel de 5 sous était payable aux héritiers de Jean des Murs, écuyer, pour une partie du bois de Germigny.

§ 2. — Dons et rémissions.

La situation des quatre paroisses dépendant de l'évêché de Meaux : Germigny, Varreddes, Villenoy et Etrépilly, était tellement lamentable en 1422 et même encore l'année suivante que le jeune Henri VI, ou plutôt le duc de Bedford, régent de France (1), fut obligé d'accorder aux tenanciers remise *totale* de tous les droits dus « depuis le temps que icelle ville de Meaux fut reduite en l'obeissance du Roy » jusqu'au 31 décembre 1423. Il n'était fait exception que pour les menus cens de la Saint-Remi. Par les mêmes lettres, datées du 8 juin 1423 et confirmées par la Chambre des comptes le 18 mars 1424 (2), le roi d'Angleterre faisait remise aux mêmes tenanciers de la *moitié* de toutes les redevances soit en *nature* soit en *argent* pour les deux années suivantes, c'est-à-dire jusqu'au 31 décembre 1425, à l'exception toujours des menus cens de la Saint-Remi.

(1) Henri VI n'avait qu'un an et demi en juin 1443, étant né le 6 décembre 1212.
(2) Ces lettres, qui manquent aux Archives nationales, sont citées et analysées dans le compte de 1425-1426 (art. 76).

§ 3. — Redevances non reçues.

Par suite de ces rémissions et autres causes, diverses redevances n'avaient pu être recouvrées par le comptable ; celui-ci les porte en non reçu. Ce chapitre est assez confus et manque de clarté ; les sommes sont en partie laissées en blanc.

§ 4. — Frais de vendanges.

La vendange du demi-arpent de vigne appartenant à l'évêque dans les Larris de Meaux (la seule qui donna du vin pendant la durée de la régale) se fit en 1425, le 25 septembre. On y employa cinq vendangeuses, qui reçurent un salaire de 15 deniers chacune. Deux « hostiers » transportèrent la vendange à Meaux, moyennant un salaire de 3 sous 6 deniers chacun. Enfin, un homme de peine reçut 3 sous 4 deniers pour fouler et tirer le vin et porter le marc au pressoir. Avec d'autres menus frais pour la nourriture des vendangeuses (pain, viande, ail, vin), la dépense totale de cette vendange fut de 25 sous 7 deniers.

§ 5. — Travaux et réparations.

Ce paragraphe est un des plus intéressants. Malheureusement, il est incomplet et, de plus, le couteau du relieur, par suite d'un faux pli du seul feuillet double subsistant, a tranché la moitié des lignes du recto. Malgré cela, on peut y voir que des travaux importants furent exécutés en 1426, par ordre du Roi, dans la partie de la ville de Meaux dite le *Marché*.

C'est ainsi que Jean Carrillon, maçon à Meaux, reçut une somme de 73 livres 2 sous 6 deniers, pour avoir édifié trois « maisons de guet », la première sur la tour de Coutances, la seconde sur la porte de Cornillon et la troisième sur la tour de Terrefault. Il fallut refaire une partie des murs de cette dernière tour, qui avaient été abattus à coups de canon lors du siège. Les travaux de maçonnerie s'élevèrent à 90 toises de gros mur, à 13 sous la toise.

Les travaux de charpente furent confiés à un maître charpentier nommé Pierre Maquart, qui reçut 83 livres pour la réfection des toitures et planchers des tours susdites, ainsi que des échauguettes édifiées par Jean Carrillon.

Ces réparations furent dirigées par Jean Maquart, maître des œuvres du Roi au bailliage de Meaux.

§ 6. — Gages du personnel.

Le principal des agents chargés de l'administration de ce temporel, pendant la durée de la régale, se nommait Maître Emery de La Vacherie, licencié ès-lois ; il fut institué, le 30 avril 1422, par le bailli de Meaux, « au gouvernement et exercice de la juridiction temporelle dudit evesché ». Ses gages furent fixés à 10 livres tournois par an. (Compte de 1423-1424.)

Le même jour, le bailli de Meaux confia l'office de procureur du Roi à Pierre Bouquin. Le chiffre des gages de ce dernier est resté en blanc dans le compte.

Vers la même époque, Jean Ledru fut nommé garde ou « sergent » des bois de Germigny.

Enfin, Jean Hugot, receveur royal à Meaux, fut chargé de la comptabilité de cette régale ; il recevait pour ses peines et pour le salaire d'un clerc 80 livres par an. Il nous apprend qu'il était fait deux copies sur parchemin de chaque compte et que chaque feuillet revenait à 2 sous 6 deniers. Il fit plusieurs voyages à Paris tant pour porter des deniers au trésor royal que pour rendre ses comptes.

IV

Pour compléter ce résumé, il nous reste à dire un mot de l'évêque dont la nomination vint mettre fin à la régale. Ce prélat, c'est *Jean de Boiry*, nom que les historiens ont presque tous mal lu, puisqu'ils en ont fait Jean de *Briou*. Il est vrai que les auteurs de la *Gallia Christiana* ajoutent que peut-être, *fortasse*, Jean de Briou n'est autre que Jean de Bory ou Boerri, docteur en théologie, qui traduisit en français les sept psaumes de la Pénitence (1). Nos comptes viennent confirmer cette conjecture, en donnant la véritable orthographe de ce nom : Jean de *Boiry*.

Sa nomination à l'évêché de Meaux par le pape Martin V serait du

(1) *Gallia Christiana*, tome VIII, col. 1639.

8 avril 1426 (vi des ides), d'après la *Gallia Christiana*; mais cette date ne paraît pas bien certaine. C'est peut-être celle de son élection par le chapitre ou de la confirmation royale de cette élection. Les bulles de la promotion de Jean de Boiry ne durent arriver à Paris que dans le courant du mois de juin.

Pour obtenir la délivrance du temporel de son évêché, une dernière formalité restait à remplir : celle du serment de fidélité, qu'il fallait prêter entre les mains du roi. Or, le jeune Henri IV résidait en Angleterre (1) et son oncle, le duc de Bedford, régent de France, était lui-même à Londres depuis la fin de l'année 1425 (2). Les chemins n'étaient pas sûrs et un voyage en Grande-Bretagne effrayait le nouvel évêque de Meaux. C'est pourquoi il sollicita et obtint des lettres de Henri VI, qui par grâce spéciale et en considération des « bons et notables services » que Jean de Boiry avait rendus à sa « tres chere dame et mere » (Catherine de Valois, fille de Charles VI), commettait Louis de Luxembourg, évêque de Thérouanne et chancelier de France, à la réception du serment prescrit. Cette commission, en français, fut donnée le 5 juillet 1426 à « Kenynpton » près Londres ; c'est aujourd'hui Kennington, faubourg de Londres (3).

La prestation du serment se fit entre les mains du chancelier de France le 27 août suivant, comme nous l'apprend un mandement royal (en latin), daté du même jour, et émané du Conseil résidant à Paris, lequel enjoignait aux gens des comptes de faire cesser la régale de l'évêché de Meaux. Jean de Boiry fit son entrée solennelle dans sa ville épiscopale le 29 août 1426 et c'est à partir de cette date seulement qu'il put enfin jouir des revenus de son temporel. Trois mois après, par lettres du 4 novembre 1426, il obtenait sur les mêmes revenus, perçus avant sa prestation de serment, un don important de 13 muids et demi de grains, pour l'indemniser des frais de son entrée à Meaux.

On trouvera ces lettres et mandements en tête du compte de 1425-1426, qui est le plus complet et dont nous allons publier le texte à peu près intégralement, ne supprimant guère que ce qui est de simple formule.

P. PARFOURU.

(1) Henri VI vint en France pour la première fois en 1430. On sait qu'il fit son entrée à Paris le 2 décembre 1431 et qu'il fut sacré à Notre-Dame le 16 du même mois. Il regagna l'Angleterre en janvier 1432.

(2) Le duc de Bedford ne revint en France qu'en avril 1427.

(3) D'après le Recueil de Rymer (*Fœdera... et acta publica inter reges Angliæ*, etc.), Henri VI résidait ordinairement à Westminster. Quelques actes de l'année 1426 sont datés de Leycestre et de Windsor, mais aucun de Kennington. Le nom de ce manoir n'apparaît qu'en 1439. (Rymer, *op. cit.*, tome X, pp. 723, 728, 730, 731 et 733.)

COMPTE

DU

TEMPOREL DE L'ÉVÊCHÉ DE MEAUX

1425 1426

Coppie du transcript des lettres du Roy nostre sire, *par lesquelles appert que Reverend Pere en Dieu Maistre Jehan de Boiry, docteur en theologie, evesque de Meaulx, a fait au Roy nostre sire le serment de feaulté, que tenu estoit de faire, à cause du temporel dudit evesché.*

A tous ceulx qui ces lettres verront, Symon Morhier, chevalier, seigneur de Villiers, conseiller du Roy nostre sire et garde de la prevosté de Paris, salut. Savoir faisons que nous, l'an de grace 1426, le mardi 27ᵉ jour du mois d'aoust, veismes unes lettres du Roy nostre dit seigneur, seellées de son grant seel en simple queue et cire jaune, desquelles la teneur s'ensuit :

Henricus, Dei gracia Francorum et Anglie rex, dilectis et fidelibus gentibus Camere compotorum nostrorum ac thesaurariis nostris Parisius, salutem et dilectionem. Notum vobis facimus quod die date presencium dilectus noster magister Johannes de Boiry, sacre professor theologie, episcopatus Meldensis electus confirmatus, coram carissimo consanguineo nostro Ludovico de Luxembourg, episcopo Morinensi et cancellario nostro Francie, personaliter constitutus, juramentum fidelitatis, quod nobis, racione et causa temporalitatis prefati episcopatus, facere [et] prestare tenebatur, eidem consanguineo nostro pro nobis fecit et prestitit. Et ad illud idem consanguineus noster, virtute commissionis per nos in hac parte sibi attribute, ipsum electum confirmatum admisit et admittit per presentes, nostro et alieno in omnibus jure salvo ; cujus quidem commissionis tenor de verbo ad verbum sequitur et est talis :

Henry, par la grace de Dieu roy de France et d'Engleterre, à nostre amé et feal cousin le Chancellier de France, salut et dilection. De la partie de nostre bien amé maistre Jehan de Boiry, esleu confermé evesque de Meaulx, nous a esté exposé que il est promeu à l'evesché dudit lieu de Meaulx et de sa dite promotion estoient ses bulles apportées en nostre ville de Paris, tant celles qui se adressent à nous pour recevoir le serment de feaulté à nous deu à ceste cause comme autres ; lequel serment de toutes choses requises en tel cas ledit esleu est prest et en voulenté de faire ; mais pour doubte des perilz qui sont sur les chemins, il doubte faire aporter ses dites bulles de ladite ville de Paris en nostre royaume d'Angleterre, où nous et nostre très cher et très amé oncle Jehan regent nostre royaume de France, duc de Bedford, sommes à present. Laquelle chose lui tourne à très grant prejudice et plus seroit si sur ce ne lui estoit pourveu de notre grace, si comme il dit, requerant humblement icelle. Pour ce est-il que nous, considerans les bons et notables services que ledit esleu a faiz à nostre très chère dame et mère, par l'advis de nostre dit oncle, vous mandons et commettons que s'il vous appert des bulles dudit esleu, adreçans à nous en la maniere acoustumée, vous recevez le serment de feaulté ou autre tel devoir qu'il est tenu de nous faire, à cause dudit evesché, et de lui bailler noz lettres avec delivrance de son temporel et tout en la forme et maniere comme si à nous ou à nostre dit oncle il eust fait le serment ou autre devoir dessus dit ; sauf toutevoyes nostre droit et l'autrui. Car ainsi nous plaist-il estre fait, et audit esleu l'avons ottroyé et ottroyons de grace especiale par ces presentes. Donné à Kenynpton (1) empres Londres, le ve jour de juillet l'an de grace mil CCCC et vint et six, et de nostre regne le quatriesme. *Sic signatum* : Par le Roy, à la relacion de monseigneur le regent le royaume de France duc de Bedford, J. Aulet.

Quocirca, vobis mandamus quatinus prefatum electum temporalitate dicti episcopatus uti et gaudere faciatis et permittatis, omne impedimentum ob deffectum dicti juramenti fidelitatis nobis minime prestitisti (sic) amovendo et amoveri faciendo. Datum Parisius, die xxvii^a mensis augusti, anno Domini millesimo quadringentesimo vicesimo sexto, regni vero nostri quarto. Ainsi signé : Per regem, ad vestram relacionem : J. de Rivo. Collacio est facta.

Et nous à ce present transcript avons mis en tesmoing de ce le seel de

---

(1) C'est *Kennington*, actuellement faubourg de Londres.

la prevosté de Paris, l'an et le jour de mardi dessus premiers diz. — Nous approuvons ce mot *electus* fait en rature en la V⁰ ligne à commencer au commencement, avec ces motz *collacion est faite*, mis en glose. Fait comme dessus. Ainsi signé : G. de Conflans. — Et au doz dudit transcript estoit escript ce qui s'ensuit : Collacio presentis transcripti cum originali signato et sigillato ut in albo facta fuit in Camera compotorum domini Regis Parisius, ordinacione dominorum ibi, xxvii⁰ die augusti millesimo CCCCᵒ XXVIᵒ, per me J. Fromont.

Coppie des lettres de nosseigneurs des comptes et tresorier, *atachées audit transcript soubz l'un de leurs signez, contenant l'expedicion desdites lettres royaulx la delivrance dudit temporel de l'evesché de Meaulx faite audit monseigneur l'evesque par vertu d'icelles* (1).

Les gens des comptes du Roy nostre sire à Paris et le tresorier et general gouverneur de toutes les finances dudit seigneur, aux bailly et receveur de Meaulx ou à leurs lieutenans, salut. Il nous est apparu par lettres patentes du Roy nostre dit seigneur données à Paris le xxvii⁰ jour d'aoust l'an mil quatre cens et vint et six, que maistre Jehan de Boiry, esleu confermé de Meaulx, a fait le serment de feaulté ès mains de monseigneur le chancellier de France, ad ce commis pour et ou nom du Roy nostre dit seigneur, à cause de la temporalité de ladite evesché de Meaulx ; desquelles lettres nous vous envoions le vidimus ataché à ces presentes soubz l'un de noz signez. Si vous mandons et enjoingnons par ces presentes à chascun de vous, si comme à lui appartendra, que vous faites, souffrez et laissiez joir et user plainement et paisiblement ledit maistre Jehan de Boiry des prouffiz et revenus dudit temporel, sans lui mettre ou donner aucun destourbier ou empeschement en icellui par deffaulte dudit serment de feaulté non fait, en paiant à vous receveur les drois et devoirs, s'aucuns en sont pour ce deuz au Roy nostre dit seigneur, se paiez ne les a, pourveu qu'il sera tenu de bailler son denombrement par escript dedans le temps en tel cas acoustumé, et aussi qu'il n'y ait autre cause raisonnable d'empechement, pourquoy faire ne le doyez ; laquelle ou cas qu'elle y seroit nous rescripvez affin deue. Donné à Paris, le xxvii⁰ jour d'aoust l'an mil CCCC vint et six. Ainsi signé : J. Fromont. Et en la marge d'embas estoient plaquez six signez de nosdiz seigneurs des comptes et tresorier.

(1) C'est l'injonction de la Cour des comptes aux bailli et receveur de Meaux de pourvoir à ce que l'évêque Jean de Boiry jouit pleinement des revenus de son temporel.

Compte des revenues temporelles

Et juridicion seculaire de l'evesché de Meaulx, prinses et mises en la main du Roy nostre sire et gouvernées par icelle au prouffit dudit seigneur, à cause de son droit de regale à lui venu et escheu par le trespassement de feu maistre Jehan de Sains, jadis evesque dudit Meaulx, comme il appert par lettres du Roy nostre sire et de nosseigneurs des comptes et tresorier, rendues et copiées ou compte dudit regalle fait pour le temps escheu depuis le XXIIe *jour d'avril mil quatre cens vint et deux jusques à la Saint Jehan Baptiste mil quatre cens vint et trois, des receptes et mises desdites revenues faites par Jehan Hugot, receveur de Meaulx et commis à ce par lesdites lettres, pour le temps escheu depuis le jour de la feste de la nativité Saint Jehan Baptiste inclus l'an mil CCCC et XXV jusques au* XXVIIIe *jour d'aoust mil CCCC et XXVI aussi inclus, ouquel temps sont comprins ung an entier et* LXVI *jours. Duquel temporel Reverend Pere en Dieu maistre Jehan de Boiry, docteur en theologie, evesque dudit Meaulx, a eu la delivrance le* XXIXe *jour dudit mois d'aoust, apres ce que il a pour ce fait serment de feaulté au Roy nostre sire, comme il appert par le transcript des lettres du Roy nostre dit seigneur données le* XXVIIe *jour d'icellui mois d'aoust oudit an, et par lettres de verifficacion sur ce de nosseigneurs des comptes et tresorier données ledit jour, atachées audit transcript soubz l'un de leurs signez. La presentation desquelles fut faite et l'enterinement requis à monseigneur le bailli de Meaulx et à ce receveur ledit* XXIXe *jour d'icelluy mois d'aoust, comme il est escript et certiffié au dos desdites lettres. Lequel transcript avec lesdites lettres de nosseigneurs des comptes et tresorier sont cy rendues et coppiées cy devant. Ce present compte rendu par..... (1).*

PREMIÈRE PARTIE

RECETTES ET DÉPENSES EN NATURE

Et premièrement s'ensuit le compte de grains, vins et autres revenus que on ne reçoit pas en argent.

Recepte de blé en rentes non muables, *dont le sextier contient VIII boisseaulx et le muy XII sextiers* (2).

---

(1) En blanc.
(2) On comptait aussi par mines et minots. La mine contenait 4 boisseaux et le minot 2 boisseaux seulement.

1. — De la rente deue chascun an à la S. Martin d'iver par l'abbé et convent de l'eglise *S. Faron-lez-Meaulx*, montant quatre muis de blé... est cy rendu en recepte pour le terme S. Martin d'iver 1425 escheu ou temps de ce present compte, 4 muis de blé. Pour ce... IIII muis de blé.

2. — De la rente deue... sur la granche et appartenances de l'abbé et convent de Resbes (Rebais) à *Ussy*, 4 muis de grain, moitié blé et moitié avoine; de laquelle avoine recepte sera faite cy après au chappitre d'avoine. Pour ce, pour le terme S. Martin d'iver 1425 escheu... deux muis. Pour ce. . . . . [II muis de blé.] (1).

3. — De la rente deue... par l'abbesse et convent de Juerre sur leur granche de *Mail en Meussien* (May-en-Multien), montant XVI muis de grain, les deux pars de blé et le tiers avoine; de laquelle avoine recepte sera faite cy après. Pour ce, blé . . . . [X muis VIII sextiers.]

4. — De la rente deue... par lesdites Religieuses de Juerre, audit terme... sur leur granche de *Trocy* deux muis de blé. Pour ce [II muis]

5. — De la rente deue... par l'abbé du *Lieu Restoré* sur la prioré de *Maque[lines]*, VI sextiers, neant ou temps de ce compte, pour ce qu'il n'y demeure personne et sera pour ce reprins cy après comme non receu et deu au Roy. Pour ce . . . . [Neant.]

Autre recepte non muable en blé. — 6. — De la rente que l'evesque a et prent chascun an sur les seigneurs de chappitre de l'eglise Saint Estienne de Meaulx, à cause de sa prebende que il a en ladicte eglise par composicion faicte entre eulx, neant receu ces ans 1425 et 1426, pour ce que toutes les terres de chappitre estoient en friche et en ruine, et n'y avoit riens labouré lesdiz ans ne les ans precedans ou bien pou. Et pour ce n'ont eu les chanoines d'icelle eglise lesdis ans ni par plusieurs ans precedans aucuns gros. Et ont affirmé par devant les bailly, procureur et receveur du Roy à Meaulx, les chantres et chanoines residans en icelle eglise, le doyen notoirement absent, que toutes les revenues d'icelle eglise peuvent fournir cest an à grant paine à paier ung petit pris que ont eu ceulx qui ont fait le service en icelle eglise et pour soustenir icelle; et dient que ladite rente est le gros de l'evesque et que puisque les chanoines n'en ont point que le Roy ne l'evesque n'en pevent ou doivent point avoir. Pourquoy ledit receveur n'a peu de ceste partie aucune chose avoir ne recevoir, comme ces choses apperent par certifficacion desdiz bailli et procureur du Roy à Meaulx, rendue. . . . [Neant.]

---

(1) On a rétabli entre crochets, chaque fois que cela a été possible, les chiffres enlevés par le couteau du relieur.

Rentes muables en blé. — 7. — De la granche, terres et appartenances de *Bercy* (Barcy), avec environ VI s. t. de rente deuz illec le jour Saint Remi, les poussins deuz en ladite ville, VII coustumes illec, dont la coustume vault deux chappons deux sextiers d'avoine, une poulle II d. t., et chascune voiture de la ville trois journées de corvées par an, que l'en souloit admoisonner tout ensemble à moison de grain ; de tout ce neant receu ou temps de ce present compte, excepté des prez venduz cest an 1425 en deniers, dont recepte sera faite cy après ou compte en deniers. Et tout le surplus a esté de nulle valleur, pour ce qu'il n'y a eu riens en labour esdictes terres, et estoit ledit hostel en ruyne, et n'a l'en trouvé qui les ait voulu admoisonner ou temps de ce compte ; et ne demouroit que ung pou de povres gens en ladicte ville, et estoit presque tout le terrouer en friche et sans labour, à l'occasion de la guerre. Et pour ce, des rentes, corvées, poussins et coustumes dessus dictes on n'a peu aucune chose avoir ne recevoir ; aussi ce receveur n'a peu avoir ne trouver aucune declaracion ou enseignement sur quoy on les prent et à cause des quelx heritages on les doit, pour ce que le fermier qui tenoit les choses dessus dictes est absent du pais et ne scet on s'il est mort ou vif ; et furent perduz et gastez les papiers et registres de l'evesque à la prinse de la ville de Meaulx ; et si n'a eu en ladicte ville cest an que une foible voiture de nouvel mise sus, dont les corvées n'eussent pas valu la despense qu'il y eust convenu faire, et si ne povoit fere chose qui gueres vaulsist. Pour ce, cy de tout ce. . . . . [Neant]

8. — De la granche, terres et appartenances d'*Estrepilly*, avec les corvées des chevaulx, la disme des aigneaulx et des chenevières, la disme et champars des grains, le four bannier de ladicte ville et rentes d'avoines appellées rez et voiries, que l'en souloit admoisonner tout ensemble à moison de grain ; de tout ce neant receu pour le temps de ce present compte, excepté des prez qui ont esté baillez pour l'an mil 1426, dont recepte sera faicte cy après ou compte en deniers, et des dismes et champars des grains, qui ont esté admoisonnez pour le temps de ce present compte, dont recepte sera faicte cy après. Et tout le surplus a esté de nulle valeur, pour ce qu'il n'y a rien labouré, et estoit ledit hostel en ruine durant la guerre, et n'a l'en trouvé qui l'ait voulu admoisonner ; et n'y avoit aigneaulx ne chenevières ; et pour ce, de ce nulles dismes. Et si ne demouroit que un pou de povres gens en ladicte ville, à l'occasion de la guerre. Et pour ce n'a l'en trouvé qui ledit four ait voulu admoisonner, et n'eust pas valu les fraiz et despens qu'il y eust convenu fere. *Item* des rentes d'avoines appelées les rez on n'en puet savoir ne trouver aucune declaracion ne enseignement, pour ce que le fermier qui les souloit tenir est absent du pais et ne scet on s'il est vif ; et si furent

perduz à la prinse de Meaulx tous les papiers et registres de l'evesque de Meaulx; et qui eust eue ladicte declaracion si n'en eust l'en peu aucune chose avoir ne recevoir, pour la grant povreté et diminucion du peuple, et que presque tous les heritages illec estoient en friche et ruyne, à l'occasion de la guerre. Et quant est des corvées, neant receu, pour ce qu'il n'y avoit que une ou deux foibles voitures en ladicte ville, qui n'eussent peu faire chose qui gueres vaulsist, et par ce n'eussent pas valu la despense que pour ce il eust convenu faire. Pour ce, cy de tout ce. . [Neant]

9. — Des dismes et champars des grains dudit *Estrepilly* admoisonnez pour l'aoust 1425 en avoine, dont recepte sera faicte en recepte d'avoine. Et pour ce, cy. . . . . [Néant]

10. — Desdictes dismes et champars de grains dudit *Estrepilly*, admoisonnez pour l'aoust 1426 à Johan Widet, pour ung muy de grain; c'est assavoir les deux pars blé et le tiers avoine, mesuré de Meaulx et rendu à Meaulx, à paier au terme Saint Martin d'iver; de laquelle avoine recepte sera faicte cy après ou compte d'avoine. Pour ce, cy blé. [VIII sextiers]

11. — De la granche de *Villenoil* (Villenoy), avec les terres et prez accoustumez à bailler avec lesdictes terres, les corvées de chevaulx, le four de l'ostel, la disme et champars des grains, admoisonnez à Jehan de Panchart dès le 27ᵉ jour de fevrier 1423, dès lors et pour la despueille 1424 et pour deux autres années et despueilles prochaines après ensuians; c'est assavoir pour ledit aoust 1424, pour ce qu'il n'y avoit nulz blez semez esdictes terres, et n'y avoit que dismes, champars, prez et mars, parmi XXII sextiers mine de grain seullement, les deux pars blé et le tiers avoine, mesure de Meaulx et rendu à Meaulx; et pour les autres deux despueilles durant le temps de ce compte, quatre muys et demi de grain, les deux pars blé et le tiers avoine, mesure de Meaulx et rendu comme dessus, au terme de Toussains. Pour ce, cy pour cest aoust 1425, quatre muis et demi de grain; c'est assavoir trois muis de blé et XVIII sextiers d'avoine; de laquelle avoine recepte sera faite cy après. Pour ce, cy blé . . . . III muis.

12. — De ladite granche de *Villenoil*, avec les terres et prez acoustumez à bailler avec lesdites terres, les corvées de chevaulx, le four de l'ostel, la disme et champars des grains, amoisonnez audit Jehan de Panchart, pour l'an commensant l'an 1425 finissant 1426 comme dit est, pour le pris de IIII muis et demi de grain, tel comme dessus est dit; c'est assavoir... comme dessus... Pour ce, pour le terme de Toussains 1426, blé. . . . . III muis.

13. — De la granche, terres, prez et appartenances de *Varedes*, à tout le four bannier de ladicte ville, l'isle l'evesque, la disme des chenevières et des grains, les corvées des chevaulx et le coulombier, que l'en souloit

bailler à moison de grain tout en une ferme, neant receu pour le temps de ce present compte, excepté des prez dont recepte sera faicte cy après en deniers, et des dismes et champars de grains et aucunes parties desdictes terres amoisonnées à plusieurs personnes, dont recepte sera faicte particulièrement de chascune partie, tant blé comme avoine. Et tout le surplus a esté de nulle valeur, pour ce que on n'a trouvé qui les ait voulu admoisonner, et estoit ledit hostel et four bannier en ruine ces an et plusieurs années par devant, à l'occasion de la guerre et povreté et diminucion du peuple, et ou coulombier n'avoit aucuns coulombs et avoit esté du tout despueplé durant la guerre, comme il appert par les comptes precedans. Pour ce, cy. . . . . Neant.

14. — De Gieffrin Rodain, pour la moison de l'aoust 1426 de deux arpens de terre qu'il a labourées des terres dessusdictes en segle, au pris de ung minon l'arpent. Pour ce. . . . . [II minons]

15. — De Robin Jolivet, pour la moison de l'aoust 1426 d'un arpent desdictes terres de Varedes, qu'il a labourées en segle, audit pris de ung minon l'arpent. Pour ce . . . . [I minon]

16. — De Jehan Widet, pour la moison de deux arpens desdictes terres qu'il a labourées en blé, audit pris de ung minon l'arpent pour l'aoust 1426. Pour ce. . . . . [II minons]

17. — De Philipot Rodain, pour la moison de trois arpens desdictes terres qu'il a labourées en blé, audit pris pour ledit an. Pour ce . . . . [III minons]

18. — De Guillaume Le Sueur, (comme ci-devant). . . [III minons]

19. — De Denisot Hazart, pour la moison d'un arpent desdictes terres qu'il a labourées en blé, audit pris d'un minon l'arpent pour ledit an. Pour ce. . . . . [I minon]

20. — De Nangis Hanap, (comme ci-devant). . . . . [I minon]

21. — Des dismes et champars des grains dudit *Varedes*, admoisonnez pour l'aoust 1425 à Jehan Widet, pour XVIII sextiers de grain; c'est assavoir le tiers blé, le tiers orge et le tiers avoine, mesure de Meaulx et rendu audit Meaulx, à paier au terme Saint Martin d'iver; desquels orge et avoine recepte sera faicte cy-après. Pour ce, cy pour le terme Saint Martin 1425. . . . . [VI sextiers blé]

22. — Desdictes dismes et champars de grains, amoisonnez pour l'aoust 1426 à Simon Lambalu, pour quatre muis six sextiers de grain, c'est assavoir XVIII sextiers de blé, XXVII sextiers d'avoine et IX sextiers d'orge, mesure de Meaulx et rendu à Meaulx, à paier au terme Saint Martin d'iver; desquels orge et avoine recepte sera faicte cy après. Pour ce, blé . . . . XVIII sextiers.

23. — De la granche, terres et appartenances du *Maud l'Evesque*, que

l'en souloit bailler à moison de grain tout ensemble, neant, pour ce que on n'a trouvé qui les ait voulu admoisonner, et ont esté, durant le temps de ce compte et plusieurs années precedans, en friche et en ruine, à l'occasion de la guerre. Et pour ce . . . . , ... Neant.

24. — De la granche et appartenances estant en la basse-cour de l'ostel de *Germigny*, des terres et prez estans ou terrouer, dudit lieu, avec la disme des seigles, avoines et autres grains dudit terrouer que l'en souloit amoisonner tout ensemble à moison de grain, neant ou temps de ce compte, excepté desdit prez, qui ont esté venduz pour la fenoison de l'an 1425 en deniers, dont recepte sera faicte cy après ou compte en deniers, et desdictes dismes amoisonnées en grain, dont recepte sera faicte cy après ou prouchain article ensuiant. Et est tout le surplus de nulle valeur, pour ce que on n'a trouvé qui les ait voulu admoisonner, et estoit ledit hostel en ruine et les terres en friche dès pieça, à l'occasion de la guerre, comme il appert par les comptes precedans. Pour ce, cy. . . . . Neant.

25. — Des dismes et champars de grains dudit *Germigny*, amoisonnez pour l'aoust 1425 à Aubelet La Caille parmy dix sextiers de grain ; c'est assavoir moitié segle et moitié avoine... (comme ci-devant). Pour ce, cy audit terme. . . . . [V sextiers segle]

26. — Desdictes dismes et champars dudit *Germigny*, amoisonnez pour l'aoust 1426 à Pierre Baynier parmi XXII sextiers de grain ; c'est assavoir... (comme ci-devant). Pour ce, cy audit terme. . . . .
. . . . [XI sextiers segle]

27. — De la granche, terres et appartenances de *Maulevée*, neant, pour ce qu'il n'y a riens eu labouré cest an, et estoit tout en ruyne et en friche, et n'a l'en trouvé qui les ait voulu admoisonner, à l'occasion de la guerre. Pour ce. . . . . [Neant]

28. — De la granche, terres et appartenances des *Essars-l'Evesque*, neant, pour semblable cause que dessus est dit en l'article precedant. Pour ce. . . . . [Neant]

29. — Des moulins de *Villenoil*, neant, pour ce qu'ilz sont du tout cheuz et desmoliz l'un dès pieça et l'autre durant la guerre et avant que ce temporel fust mis en la main du Roy par regalle. Pour ce. . [Neant]

30. — De trois quartiers de prez seans lez le moulin de *Roissigny*, neant cy, pour ce que recepte en sera faicte cy après en deniers. [Neant]

31. — Du moulin d'*Estrepilly*, neant, pour ce que on n'a trouvé qui l'ait voulu admoisonner, et estoit cest an et autres ans precedans en ruine et tout à l'occasion de la guerre. Pour ce. . . . . [Neant]

32. — D'une pièce de pré lez ledit moulin, contenant environ ung arpent et demi, neant, pour ce que on n'a trouvé qui l'ait voulu admoi-

sonner. Et pour ce . . . . Neant.

33. — Des moulins de *Germigny* et une pièce de pré, contenant environ ung arpent, que l'en souloit admoisonner avec lesdits moulins, neant, pour semblable cause que cy devant est dit du moulin d'Estrepilly. Et pour ce . . . . Neant.

34. — De plusieurs terres seans audit *Germigny*, laissiées dès pieça pour les rentes qu'elles devoient, neant, pour ce que on n'a trouvé qui les ait voulu amoisonner, et estoient en friche et savart long temps a. Et pour ce. . . . . Neant.

Dons et remissions en blé. — 35. — ... (1) Cy devant renduz en recepte en plus grant somme. Pour ce les diz. . . . .

36. — A Reverend Père en Dieu monseigneur l'evesque de Meaulx, conseilleur du Roy nostre sire, auquel le Roy nostre dit seigneur, par ses lettres données le IIII° jour de novembre l'an 1426, par l'advis et deliberacion de monseigneur le regent le royaume de France duc de Bedford, a donné XIII muis et demi de grain, partie blé et partie avoine, des moisons de certains dismages appartenant au temporel de l'evesché de Meaulx de la despueille de l'aoust 1426, durant lequel aoust il n'avoit pas encore fait au Roy les sermens deuz et acoustumez pour ledit evesché, et estoient lesdiz grains à paier au terme Saint Martin d'iver oudit an. Lequel don lui a esté fait pour consideracion des bons et agreables services que ledit monseigneur l'evesque a longuement fait à la royne d'Angleterre et au Roy nostre dit seigneur, et pour lui soubvenir et aidier aux despens qu'il avoit à supporter pour son entrée qu'il avoit faicte audit Meaulx ; à icellui grain prendre et avoir par ledit monseigneur l'evesque par sa main et à son prouffit tout ainsi qu'il eust peu fere s'il eust fait ledit serment paravant laditte despueille d'iceulx grains. Lesquelles lettres sont veriffiées par nosseigneurs des comptes et tresorier et par leurs lettres atachées à icelles soubz l'un de leurs signez, données le 29° jour de novembre l'an 1426 ; par lesquelles ilz ont mandé à ce receveur que dudit don face et laisse joir ledit monseigneur l'evesque, pourveu toutevoies que icellui monseigneur l'evesque sera tenu de paier les charges qui sur les grains dessusdiz pouroient estre deues. Et en oultre, le Roy, par ses autres lettres données le 11° jour d'avril l'an 1426 avant Pasques (2), par l'advis et deliberacion de mondit seigneur le regent, pour ce que ès lettres dessusdictes n'estoit faicte mencion que des grains venuz des

(1) Le commencement de cet article manque, mais il devait être à peu près libellé comme l'article 76 ci-dessous. (*Dons et remissions en avoine.*)
(2) 11 avril 1427 (nouveau style).

dismages et que partie d'iceulx sont venuz des moisons des terres appartenant oudit temporel d'icellui evesché, a voulu, et en tant que mestier estoit, donné et ottroyé audit monseigneur l'evesque lesdiz XIII muis et demi de grain venuz desdiz dismages et aussi des terres appartenant audit temporel dudit evesché. Lesquelles lettres sont veriffiées par nos diz seigneurs des comptes et tresorier et par leurs lettres atachées à icelles, données le 23ᵉ jour d'avril 1427. Auquel monseigneur l'evesque ont esté paiez lesdiz XIII muis et demi de grain par ce receveur et par vertu desdictes lettres; c'est assavoir V muis IIII sextiers et mine de blé, XI sextiers III minoz de soigle, dont recepte est faicte cy devant desdictes dismes et terres pour ledit an 1426; et VI muis V sextiers et I minon d'avoine, et VIII sextiers et mine d'orge, dont recepte sera faicte et aussi ladicte avoine prinse en despense ou compte d'avoine cy après. Pour ce, cy, par vertu desdictes lettres cy rendues à court, avec lettre de recongnoissance dudit monseigneur l'evesque, lesdits. . . . . V muis IIII sextiers I mine blé, XI sextiers III minons soigle.

Blé rendu en recepte et non receu. — 37. — Pour blé non receu cy devant rendu en recepte ou chappitre de rentes non muables en blé, où a esté rendu de la rente deue chascun an au terme Saint Martin d'iver par l'abbesse et convent de Juerre sur leur granche de Mail en Meussien (*May-en-Multien*), dix muis huit sextiers de blé, et de leur granche de Trocy deux muis de blé, pour le terme Saint Martin d'iver 1425. Pour avoir paiement duquel blé et de l'avoine deue sur lesdictes granches par lesdictes Religieuses, dont recepte sera faicte cy après, ce receveur avoit fait faire execucion sur lesdictes granches et sur tout le temporel de ladicte eglise; mais icelles Religieuses ont obtenu lettres de nosseigneurs des comptes et tresorier, données le 13ᵉ jour de novembre 1424, contenant que, veu par eulx le transcript de certaine sentence ou condempnacion donnée pieça par feu monseigneur Romain cardinal de Saint-Ange, legat du Saint Siège de Rome, entre l'evesque de Meaulx qui pour lors estoit d'une part, et lesdictes Religieuses et le clergé et peuple dudit lieu de Juerre d'autre part, sur plusieurs debas meuz lors entre lesdictes parties; auquel transcript lesdictes lettres de nosseigneurs des comptes et tresorier sont atachées soubz l'un de leurs signez; et mesmement qui leur est apparu par ledit transcript que icelles Religieuses sont tenues audit evesque de XVIII muis de grain à la mesure dudit Meaulx, à les prendre dedans la Purificacion Nostre-Dame, sur la disme de la ville de Mayl, les deux pars yvernage et la tierce partie d'avoine; et se la dicte disme d'icelle ville de Mayl ne souffisoit entièrement à plein paiement ludit grain, le residu sera paié dedans ledit terme sur la disme que ladite eglise de Juerre a en la ville de Trocy et non ailleurs. Pourquoy nosdits seigneurs des comptes et tresorier, par leurs dictes lettres, ont mandé et enjoint à monseigneur le bailli de Meaulx ou son lieutenant, que la main du Roy nostre sire et tout empeschement mis oudit temporel pour la cause dessusdicte, sinon en tant qu'il touche lesdictes dismes de Mail et de Trocy, feust levée et ostée au prouffit desdictes Religieuses. Par vertu desquelles lettres, et après ce que ledit monseigneur le bailli de Meaulx a esté deuement et soufisamment informé que lesdites dismes que icelles Religieuses ont à Mail et à Trocy n'ont valu pour l'an 1425 que XV sextiers de blé et VIII sextiers d'avoine seulement, tout à la mesure desdiz lieux, rabatu les fraiz, pour ce que audit terrouer a eu très petit labour, ledit monseigneur le bailli a levée la main du Roy mise audit temporel de Juerre pour les causes dessusdictes, en paiant par elles ad ce receveur lesdiz XV sextiers de blé et VIII sextiers d'avoine à ladicte mesure de Mail et de Trocy, ledit an 1425, qui ont esté avaluez à la mesure de Meaulx par ledit monseigneur le bailli, au rapport de gens ad ce congnoissans ; c'est assavoir lesdiz XV sextiers à XII sextiers III minoz et I boissel de blé, et lesdiz VIII sextiers d'avoine à V sextiers I minon, comme tout ce appert par lettres dudit monseigneur le bailli données le VIe jour d'avril l'an 1426 après Pasques. Desquelx blé et avoine a esté distribué à messire Jehan Le Valengelier, curé de Trocy, trois mines de blé et une mine d'avoine, à la mesure de Meaulx ; laquelle distribucion nosseigneurs des comptes et tresorier, par leurs lettres données le 18e jour d'avril 1426 après Pasques, ont ordonné et mandé estre faite audit curé par porcion selon la valeur desdictes dismes sur deux muis et mine de blé VIII sextiers d'avoine et IIII sextiers de poix de rente, que ledit curé à cause de ladicte cure prent sur icelles dismes. Ainsi n'a esté receu ne peu recevoir par ce receveur que XI sextiers I minot et I boissel de blé et IIII sextiers III minos avoine ; et il a fait recepte cy devant, comme dit est, de XII muis VIII sextiers de blé desdictes Religieuses. Pour ce, cy reprins pour plus rendu en recepte que receu dudit blé, par vertu desdictes lettres cy rendues à court...

38. — Pour blé rendu cy devant en recepte, en la derrienne partie de rentes de blé non muables, de l'abbé du Lieu Restoré sur le prioré de Maquelines, VI sextiers de blé pour le terme Saint Martin d'iver 1425, dont riens n'a esté receu pour ce que audit prioré de Maquelines n'a en ce temps demouré personne ne le temps paravant et depuis ne encores ne fait de present, et a esté tout en friche à l'occasion de la guerre, par quoy riens n'en a peu estre receu. Pour ce, cy en non receu.

Dechet de blé. — 39. — Pour le dechet de ung muy V sextiers mine blé, l'an 1425, des Religieuses de Juerre et des dismes de Varedes, et cinq sextiers segle des dismes de Germigny, mis au garnier en l'ostel episcopal à Meaulx, où ilz furent depuis la Saint Martin audit an 1425 jusques au mois d'avril ensuiant; et decheurent, c'est assavoir ledit blé de VII minons et demi, et ledit segle de I minot, comprins en ce les boisselles que on baille à revendre grain à Meaulx. Pour ce, cy . . . . I sextier III minos blé, I minot segle.

Recepte d'avoine, pois, fèves et orge, *dont le sextier contien VIII boisseaulx et le muy XII sextiers.*

Rentes non muables (*en avoine*). — 40. — De la rente deue chascun an par l'abbesse et convent de Juerre sur leur granche de *Mail en Meussien*, au terme Saint Martin d'iver, XVI muis grain, les deux pars blé et le tiers avoine; duquel blé recepte est faicte cy-devant. Pour ce, cy avoine pour le terme Saint-Martin 1425 . . . . . V muis IIII sextiers.

41. — De la rente deue chascun an audit terme par l'abbé et convent de Resbes (Rebais), sur leur granche et appartenances de *Ucy* (Ussy-sur-Marne), quatre muis de grain, moitié blé et moitié avoine; duquel blé recepte est faicte cy-devant. Pour ce, cy au terme Saint-Martin d'iver 1425 . . . . [II muis]

Autres rentes d'avoines non muables. — 42. — Des avoines et coustumes deues à *Villenoil* chascun an landemain de Noel, de quoy chascun arpent doit trois mines d'avoine, deux chappons, ung sextier de vin et IIII d. t. pour fouasse; et souloient monter en somme toute XXXVIII sextiers V boisseaulx avoine, LI chappons et demi, XXV sextiers VI pintes de vin, XXV fouasses et demie et I quart de fouasse; lesquelles fouasses souloient monter VIII s. VIII d. t., comme il appert par la jurée; desquelz chappons, vin et fouasse mencion sera faicte cy après en recepte ès comptes d'iceulx; et lesquelles avoines et autres redevances dessus dictes n'ont monté ne valu durant le temps de ce present compte que VII sextiers I minon I boissel et demi le quart et le VIIIe de boissel d'avoine, IX chappons III quarts et demi, IIII sextiers et VI pintes de vin, et XX d. t. pour fouasses. Et le surplus d'icelles redevances, montant II muis VII sextiers I boissel et le VIIIe de boissel d'avoine, avec les coustumes, a esté en non valor, pour ce que les heritages de ce redevables ont esté et sont en friche, savart, ruine et de nulle valeur, et n'y a aucuns detenteurs apparens et sont les aucuns detenteurs trespassez et leurs hoirs non apparens ou absens, et les autres sont alez hors du païs, tout à l'occasion de la guerre, autres les denient estre leurs, comme ce appert par les parties des heritages des dictes redevances, qui ainsi ont esté en valoir et non valoir, rendues sur semblable chappitre ou compte precedant. Pour ce, cy. VII sextiers I minon I boissel et demi le quart et le VIII° de boissel.

43. — Des avoines et coustumes deues audit *Villenoil* landemain de Noel, appelées les grans avoines, et ne doibvent que deux sextiers d'avoine, le quart et le XII° de coustume, et montent en somme III sextiers I minon d'avoine, ung chappon et le tiers de chappon, V pintes et le tiers de pinte de vin, II deniers et le tiers de deux deniers ; desquelx chappons, vin et fouasses mencion sera faicte cy après ; et lesquelles avoines et autres redevances n'ont monté, durant le temps de ce compte et autres precedans et ensuivans durant ceste regale chascun an, que II sextiers avoine, I chappon, V pintes de vin et II d. t. Et le surplus d'icelles avoines, montant V minons avoine, avec la coustume, a esté et est en non valoir, pour ce que les heritages de ce redevables ont esté et sont en friche, savart, ruine et de nulle valeur, et n'y a aucuns detenteurs apparans, et sont les aucuns des detenteurs trespassez et leur hoirs non apparens ou absents, et les autres s'en sont alez hors du païs, tout à l'occasion (1)...

44 (²). — Des avoines et coustumes deues chascun an à *Varedes*, au dit terme de landemain de Noel, dont chascun arpent doit deux sextiers d'avoine, deux chappons, deux sextiers de vin et IIII d. t. pour fouasse ; et souloient monter en somme toute VIII muis IIII sextiers et mine [avoine], cent chappons [et demi], cent sextiers et demi de vin, L fouasses et demie, lesquelles fouasses souloient valoir XVI s. X d. t., comme il appert par la jurée ; desquelz chappons, vin et fouasses mencion sera faite cy après ès comptes d'iceulx. Et lesquelles avoines et autres redevances dessus dites n'ont monté ne valu durant le temps de ce present compte et autres precedans et ensuivans, durant ceste regale, chascun an, que V muis V sextiers d'avoine, LXV chappons, LXV sextiers de vin et X s. X d. pour fouasses. Et le surplus d'icelles redevances, montant II muids XI sextiers et mine d'avoine, avec les coustumes, a esté et est de nulle valeur, pour les causes contenues ès articles precedans, comme ce appert par les parties des heritages chargez desdites redevances, qui ainsi ont esté en valoir et non valoir, cy rendues à court. Pour ce, cy, pour le terme de landemain de Noel 1424. . . . .

(1) La fin de cet article manque, ainsi qu'un autre article concernant les avoines sans coutumes de Villenoil. (Voir plus loin, article 79.)

(2) Les articles 44 et 45, en déficit dans le compte de 1425-1426, sont empruntés au compte de l'année précédente 1424-1425.

45. — Des avoines sanz coustume deuz chascun an à *Varedes*, audit terme, de quoy chascun arpent doit ung sextier ; et souloient monter en somme toute II muis VII sextiers III minons avoine, n'ont monté ne valu cest an ne les ans precedans et ensuivans, durant ce regale, chascun an, que I muy VIII sextiers III minons I boisseau II tiers de boisseau d'avoine. Et le surplus d'icelles avoines, montant X sextiers III minons I tiers de boisseau, a esté de nulle valleur, pour les causes dessus dites, etc. Pour ce, cy, pour le terme de landemain de Noel 1424. . . . . I muy VIII sextiers III minons I boisseau II tiers de boisseau.

46. — Des avoines [avec coustumes] deues chascun an à *Germigny*, audit terme, de quoy chascun arpent doit deux sextiers d'avoine, deux chappons, I sextier de vin et IIII d. t. pour fouasse, excepté celles qui meuvent de Fontaines, qui ne doibvent ne vin ne chappons ne fouasses ; et souloient monter en somme toute III muis II sextiers I minon d'avoine, XXXI chappons et I quart, XV sextiers et demi et III pintes de vin, XV fouasses et demie et le VIIIe de fouasse, lesquelles fouasses souloient monter V. s. II d. ob. t. ; desquelz chappons, vin et fouasses mencion sera faite cy après en recepte ès-comptes d'iceulx. Et lesquelles avoines et autres redevances dessus dites n'ont monté ne valu durant le temps de ce present compte et autres precedans, durant ceste regale chascun an, que VIII sextiers III minons avene, VII chappons et demi et le VIIIe de ung chappon, XIIII pintes et chopine de vin, XIII d. ob. pour fouasses. Et le surplus d'icelles redevances, montant II muis V sextiers mine avoine, avec les coustumes, a esté et est en non valoir, pour les causes contenues en la première partie de ce chappitre, etc. Pour ce, cy, pour le terme de lendemain de Noel 1425. . . . . VIII sextiers III minons.

47. — D'autres avoines sans coustumes, deues chascun an audit *Germigny* audit terme de landemain de Noel, dont chascun arpent doit deux sextiers d'avoine ; et souloient monter en somme toute, comme il appert par la jurée, VI sextiers III boisseaulx et demi ; lesquelles n'ont monté ne valu, durant le temps de ce present compte et autres precedans durant ceste regale chascun an, que II sextiers I boisseau avoine. Et le surplus d'icelles avoines a esté et est en non valoir, pour les causes contenues plus à plain en la première partie de ce chappitre, etc. Pour ce, cy pour le terme de landemain de Noel 1425. II sextiers, I boisseau.

48. — D'autres avoines à *Chauchevre* (?) deues chascun an audit *Germigny* audit terme de landemain de Noel, dont chascun arpent doit deux sextiers d'avoine ; et souloient monter en somme toute, comme il appert par la jurée, XI sextiers III minons et demi boissel, et toutevoies aucunes parties baillées à ce receveur ne montent que VIII sextiers mine ;

lesquelles avoines n'ont monté ne valu, durant le temps de ce present compte et autres comptes precedans durant ceste regale chascun an, que ung sextier III minons avoine. Et le surplus d'icelles avoines a esté et est en non valoir, comme dessus est dit, etc. Pour ce, cy pour ledit terme . . . . I sextier III minons.

49. — D'autres avoines à la coustume de *Chamigny* deues chascun an audit Germigny audit terme de landemain de Noel, de quoy chascun arpent doit ung sextier d'avoine, ung chappon et I denier tournois et la (une) fouasse de la fleur d'un boissel de froment ; et souloient monter en somme toute VI sextiers VII boisseaulx avoine, VI chappons et trois quarts et demi de chappon, VI deniers obole pite et demie, les fouasses blé vault (sic), comme il appert par la jurée ; desquelz chappons et fouasses (1) mencion sera faicte cy après en la recepte d'iceulx ; et lesquelles avoines et autres redevances n'ont monté ne valu, durant le temps de ce present compte et autres ans precedans chascun an, que ung sextier d'avoine, I chappon, I denier tournois et II s. VI d. pour les fouasses. Et le surplus d'icelles redevances a esté et est en non valoir, pour les causes contenues plus à plain en la première partie de ce chappitre, etc. Pour ce, cy pour le terme de landemain de Noel 1425. . . . . [I sextier]

50. — Des avoines deues chascun an audit terme à *Estrepilly*, appelées les tauxemens, rendues ou garnier de l'evesché à Meaulx, dont chascun arpent doit ung sextier d'avoine ; et souloient monter en somme toute XIII sextiers V boisseaulx avoine ; dont ce receveur n'a aucune chose receu ne peu avoir ne recevoir durant le temps de ceste regale, parce que ladite ville d'Estrepilly est moult despueplée et n'y demouroit que ung pou de povres gens, et estoient les heritages d'icelle ville en friche et en ruine, comme il appert par certificacion de monseigneur le bailli et procureur du Roy nostre sire à Meaulx, rendue sur semblable chappitre ou compte precedant. Pour ce, cy neant. . . . Demi minon.

Autre recepte non muable d'avoine. — 51. — De la rente deue chascun an audit temporel sur le chappitre de Meaulx, à cause d'une prebande que l'evesque a en ladicte eglise par composicion faicte, neant receu durant le temps de ce present compte, pour les causes plus à plain contenues cy-devant ou chappitre de recepte de blé. Pour ce . . Neant.

Rentes muables en avoine et orge. — 52. — De la granche, terres et appartenances de *Bercy*, neant durant le temps de ce compte, pour ce qu'il n'y a riens labouré et n'a l'en trouvé qui l'ait voulu admoisonner,

---

(1) Voir article 170. (DEUXIÈME PARTIE.)

et estoit tout en friche et ruine, à l'occasion de la guerre, comme declaré est plus à plain au chappitre de recepte de blé. Et pour ce, cy. . . Neant.

53. — De la granche, terres et appartenances d'*Estrepilly*, neant durant le temps de ce present compte, pour les causes contenues plus à plain ou chappitre de recepte de blé ; excepté des dismes et champars de grains, dont recepte sera faicte ou prouchain article ensuyant. Et pour ce, cy . . . . [Neant]

54. — Des dismes et champars de grains dudit *Estrepilly*, amoisonnez pour l'aoust 1425 à Symonnet Boucher, parmy IIII sextiers d'avoine, mesure de Meaulx et rendu à Meaulx, à paier au terme Saint-Martin d'iver. Pour ce, cy cest an audit terme . . . . . . [IIII sextiers]

55. — Des dictes dismes et champars de grains dudit *Estrepilly*, amoisonnez pour l'aoust 1426 à Jehan Widet, parmi XII sextiers de grain, c'est assavoir les deux pars blé et le tiers avoine, mesure comme dessus ; duquel blé recepte est faicte cy-devant, à paier audit terme Saint-Martin. Pour ce, cy . . . . [IIII sextiers avoine]

56. — De la granche, terres et appartenances de *Villenoil*, admoisonnez pour la despueille de l'aoust 1425 à Jehan de Panchart, parmi quatre muys et demi de grain (1), c'est assavoir les deux pars blé et le tiers avoine, mesure et rendu comme dessus, à paier au terme de Toussains ; duquel blé recepte est faicte cy-devant ou chappitre de blé. Pour ce, cy . . . . XVIII sextiers d'avoine.

57. — Desdictes granche, terres et appartenances dudit *Villenoil*, amoisonnez pour la despueille de l'aoust 1426 audit Jean de Panchart parmi quatre muys et demi de grain, etc. (comme à l'article 56).

58. — De la granche, terres et appartenances de *Varedes*, neant, pour les causes contenues en recepte de blé ; excepté des dismes et champars de grains ; et aucunes parties desdictes terres amoisonnées à plusieurs personnes, dont recepte est faicte cy-après particulièrement de chascune partie. C'est assavoir (2) :

59. — De Jaquin Cochet, pour la moison de XXX arpens de terre dudit lieu de Varedes à lui admoisonnez pour la despueille de l'aoust 1425, parmy ung muy d'avoine. Pour ce . . . . I muy d'avoine.

60. — De Jehan Le Boulenger, pour la moison de XIII arpens des terres dessus dictes à lui amoisonnées pour la despueille de l'aoust 1425, parmi VI sextiers d'avoine, à paier au terme Saint-Martin d'iver. Pour ce . . . . VI sextiers avoine.

---

(1) 4 muids et demi = 54 setiers. En 1424, la grange et les terres de Villenoy n'avaient rapporté que 22 setiers et 4 boisseaux.

(2) Tout ce qui suit (art. 59-66) ne figure pas dans le compte de 1424.

61. — Dudit Jaquin Cochet, pour la moison de XLVII arpens des terres dessus dictes, qu'il a semées en avoine, pour la despueille de l'aoust 1426, au pris de ung minon d'avoine l'arpent; valent . . . .

62. — De Guillaume Le Sueur, pour la moison de trois arpens desdictes terres pour la despueille de l'aoust 1426, audit pris de ung minon d'avoine l'arpent; valent. . . , ...

63. — De Symon Lambalu, pour la moison de deux arpens desdictes terres pour la despueille de l'aoust 1426, audit pris de ung minon d'avoine l'arpent; valent. . . . .

64. — De Arrenoul Thibault, pour la moison de dix arpens desdictes terres pour la despueille de l'aoust 1426, au pris dessus dit; valent. . .

65. — De Jaquin Mangue, pour la moison de deux arpens desdictes terres pour la despueille de l'aoust 1426, audit pris; valent. . . .

66. — De Gieffrin Rodain, pour la moison de quatre arpens desdictes terres pour la despueille de l'aoust 1426, audit pris; valent. . . . .

67. — Des dismes et champars de grains dudit *Varedes*, amoisonnez pour l'aoust 1425 à Jehan Widet pour XVIII sextiers de grain (1), c'est assavoir le tiers blé, le tiers orge et le tiers avoine; duquel blé recepte est faicte cy-devant. Pour ce . . VI sextiers avoine, VI sextiers orge.

68. — Desdictes dismes et champars de grains dudit *Varedes*, amoisonnez pour l'aoust 1426 à Symon Lambalu parmi XVIII sextiers de blé, XXVII sextiers avoine et IX sextiers d'orge ; duquel blé recepte est faicte cy devant. Pour ce, cy . . XXVII sextiers avoine, IX sextiers orge.

69. — De la granche, terres et appartenances de *Germigny*, neant, pour ce que on n'a trouvé qui l'ait voulu amoisonner, et est tout en friche, excepté des dismes et champars de grains, dont ou prouchain article ensuyant sera faicte recepte. Pour ce, cy . . . . Neant.

70. — Des dismes et champars de grains dudit *Germigny*, amoisonnez pour ledit aoust 1425 à Aubelet La Caille parmi X sextiers de grain (2), la moitié seigle et moitié avoine ; duquel seigle recepte est faicte cy devant. Pour ce, cy . . . . V sextiers avene.

71. — Desdites dismes et champars de grains dudit *Germigny*, amoisonnez pour l'aoust 1426 à Pierre Baynel, parmy XXII sextiers de grain, moitié soigle et moitié avoine; duquel soigle recepte est faicte cy devant en recepte de blé. Pour ce, cy. . . . . . . [XI sextiers avoine]

72. — De plusieurs terres seans audit *Germigny*, demeurées au seigneur pour les charges qu'elles devoient, neant, pour ce que aucun ne les a voulu admoisonner, et estoient en friche et savart durant ceste regale. Pour ce, cy . . . . [Neant.]

(1) En 1424, 12 setiers. Fermier : Jehan Guederon.
(2) En 1424, 15 setiers.

73. — De l'ostel, terres et appartenances de *Mand-l'Evesque*, de l'ostel, terres et appartenances de *Manlevée*, de l'ostel, terres et appartenances des *Essars-l'Evesque*, neant, pour ce que tout estoit en friche et en ruyne, comme dessus est dit ou chappitre de recepte de blé. Pour ce. [Neant.]

Despense d'avoine à heritage. — 74. — A messeigneurs les doyen et chappitre de l'eglise Saint-Estienne de Meaulx, qui ont acoustumé de prendre chascun an sur la granche dimeresse de *Villenoil* III muis d'avoine; sur ce paié pour l'an 1425 XVIII sextiers avene, selon la valeur desdictes dismes et les charges sur ycelles. Pour ce . XVIII sextiers.

75. — Ausdiz doyen et chappitre pour leur dicte rente de III muis d'avene sur ladicte granche dimeresse de *Villenoil* pour l'an 1426, neant paié, pour ce que tout le grain dudit Villenoil et autres lieux deu au Roy pour ledit an a esté doné par le Roy à monseigneur l'evesque de Meaulx, comme contenu est cy-devant ou compte de blé et aussy cy-après en ce compte d'avoine ou chappitre de dons et remissions. Et en veriffiant par nosseigneurs des comptes et tresorier les lettres dudit don, a esté par eulx ordonné que ledit monseigneur l'evesque payera pour ledit an 1426 les charges qui sur lesditz grains pourroient estre deues. Pour ce, cy . . . . Neant.

Dons et remissions en avoine. — 76. — Aux habitans et autres ayans heritages ès villes et terrouers de *Germigny-l'Evesque*, *Varedes*, *Villenoil et Estrepilly*; ausquelz, par vertu de certaines lettres du Roy, données le VIIIe jour de juing 1423, pour consideracion des pertes que ils ont eues durant la guerre et autres causes declairées èsdictes lettres, et par lettres de nosseigneurs des comptes et tresorier, données le XVIIIe jour de mars ensuyant oudit an 1423 (1), a esté quitté et remis tout ce que ilz devoient au Roy à cause de la regale dudit Meaulx depuis le temps que icelle ville fut reduite en l'obeissance du Roy nostre sire jusques au derrien jour de decembre 1423; et avec ce leur a esté quitté et remis la moitié des charges que devoient les heritages d'icelles villes au Roy, pour deux ans prouchains ensuyans, à compter dudit derrien jour de decembre, ou cas que tant ladicte regale seroit en la main du Roy, excepté les menus cens qui se paient à la Saint-Remy, comme ces choses sont plus à plain contenues et declairées ou compte de ladicte regale feny à la Saint-Jean-Baptiste 1423, sur lequel sont rendues lesdictes lettres, avec lettres de recongnoissance des dessusdiz [habitans],

(1) 1424 (nouveau style).

lesquelles servent pour plusieurs parties tant de grain comme de deniers et autres droits contenuz en ung cayer ataché ausdictes lettres. Desquelz heritages desdictes villes, qui ont esté en valoir ou qui ont esté tenuz et occupez par aucuns recepte est faicte cy-devant de X muis I sextier I minon I boissel et demi de avoine, comme il appert par des parties cy-devant rendues, dont leur a esté quitté la moitié, montant V muis II minons 1 boissel et demi et quart de boissel de avoine. Pour ce, cy reprins par vertu desdictes lettres pour icelle moitié. . . . .
. . . . V muis II minons I boissel et demi et I quart de boissel.

77. — A Reverend Père en Dieu monseigneur l'evesque de Meaulx, auquel le Roy nostre sire par ses lettres et pour les causes contenues en icelles, verifflées et rendues cy-devant ou chappitre de dons et remissions en blé, a donné XIII muis et demi de grain venuz et issus des dismes et terres du temporel dudit evesché l'an 1426 ; auquel monseigneur l'evesque ce receveur a paié par vertu desdictes lettres lesdiz XIII muis et demi de grain, c'est assavoir V muis III sextiers III minons de blé et XII sextiers mine soigle, dont recepte et despense est faicte cy-devant ou compte de blé, et VI muis V sextiers I minon d'avoine et VIII sextiers mine orge, dont recepte est faicte cy-devant en recepte d'avoine, desdictes dismes et terres dudit temporel d'icelluy evesché. Pour ce, cy. . . . . VI muis V sextiers avoine et IX sextiers orge.

Dechet d'avoine. — 78. — Pour le dechiet de IIII muis VII sextiers III minoz d'avene receus pour l'an 1425, c'est assavoir de l'abbaye de Jeurre IIII sextiers III minoz, et de plusieurs moisons de terres et dismes dont cy-devant est faicte recepte IIII muis III sextiers mis en grenier en l'ostel episcopal à Meaulx, où ilz ont esté, c'est assavoir les XVIII sextiers receuz de *Villenoil* et baillez à chappitre de Meaux, environ XV jours, et le surplus, montant III muis I sextier III minoz, y a esté jusques en la fin d'avril ensuivant ; et sont decheuz de. . . . .

Pour le dechiet de II sextiers d'orge receuz cest an 1425 de dismes de *Varedes* et mis pareillement en grenier, où ils sont decheuz de. . . .

Avoine rendue en recepte et non receue. — 79. — Pour avoine cy-devant rendue en recepte ou chappitre de rentes non muables en avoine, où l'en a fait rendre ad ce receveur en la première partie dudit chappitre des avoines et coustumes deues à *Villenoil* pour plusieurs parties des heritages de ce chargez qui sont en non-valoir, et où il n'a eu aucuns detenteurs, comme il appert par les parties illec rendues, la somme de. . . . .

Item, en la seconde partie dudit chappitre des avoines et coustumes deues audit *Villenoil*, appellées les grans avoines, rendues pareillement pour plusieurs parties des heritages en non valoir.

Item, en la tierce partie dudit chappitre des avoines sans coustumes, deues audit *Villenoil*, pareillement rendues illec.

Item, en la quatriesme partie dudit chappitre des avoines et coustumes deues à *Varedes*, pareillement rendues.

Item, en la cinquiesme partie d'icellui chappitre des avoines sans coustumes deues audit *Varedes*, pareillement rendues.

Item, en la siziesme partie des avoines et coustumes deues à *Germigny*, pareillement rendues.

Item, en la septiesme partie des avoines sans coustumes deues audit *Germigny*, pareillement rendues.

Item, en la huitiesme partie des avoines à *Chanchevre* deues audit Germigny, pareillement rendues.

Item, en la neuviesme partie des avoines à la coustume de *Chamigny* deues audit Germigny, pareillement rendues.

Item, en la diziesme parties dudit chappitre, pareillement rendu, des avoines deues à *Estrepilly*.

De toutes lesquelles parties cy-dessus declairées n'a esté aucune chose receu ne peu recevoir, pour ce que les heritages de ce redevables ont esté durant le temps de ceste regale en friche, ruyne, etc. (comme plus haut). Desquelles parties non receues la moitié est cy-devant reprinse en dons et remissions. Pour ce, cy reprins comme non receu pour l'autre moitié desdites parties cy-dessus declairées, montans en tout. . (*en blanc*).
Ainsi monte ladite moitié. . . . . (*en blanc*).

80. — Pour autre avoine non receue, cy-devant rendue en recepte ou chappitre de rentes non muables d'avoine, où a esté rendu cinq muis quatre sextiers avoine pour le terme Saint-Martin d'iver 1425 de la rente deue chascun an par l'abbesse et couvent de Juerre sur leur granche de *Mail en Meussien*; de laquelle avoine n'a esté receu que quatre sextiers trois minos, pour ce que les dismes de *Mail* et *Trocy* sur quoy se prent ladicte avoine n'ont plus valu cest an 1425. Pour ce, cy reprins pour plus rendu en recepte que receu. . . . [IV muis XI sextiers I minot]

Recepte de pois et feves. — 81. — Neant, pour ce qu'il n'y a aucune revenue de pois ne de feves, et n'ot oncques, sinon des fermiers des terres dudit temporel qui aucune fois parmi les pris de leurs fermes en promectent paier. Et pour ce que les dictes terres ont esté et sont en friche ou temps de ceste regale, comme cy-devant est dit . . Neant.

Recepte de vin à Varedes, Villenoil, Cregy et Meaulx, *à la jauge et mesure d'Auxeurre, de laquelle on use à Meaux et illec environ; c'est assavoir pour chascune queue de vin XL sextiers et deux sextiers pour lie.*

A VAREDES

82. — De la despueille et vin creu ès vignes appartenans audit temporel de cest evesché ou terrouer de *Varedes*, neant, pour ce que lesdictes vignes sont en friche dès pieça et avant que ledit temporel fut mis en la main du Roy nostre sire par regale et ont esté toutes gelées. Et pour ce . . . . Neant.

83. — Des dismes de vin dudit *Varedes*, neant cy, pour ce que cest an elles ont esté rendues en deniers, dont recepte sera faicte cy-après ou compte en deniers. Pour ce, cy . . . . Neant.

84. — Du pressouer dudit *Varedes*, neant, pour ce que on n'a trouvé qui l'ait voulu admoisonner et qu'il estoit tout en ruyne et despecié dès pieça, et n'eust pas valu la revenue le mettre sus et reparer, pour ce que la greigneur partie des vignes dudit Varedes estoient en friche, à l'occasion de la guerre. Pour ce . . . . [Neant.]

85. — Des vinoisons dudit *Varedes* et de *Germigny*, deues le lendemain de Noel chascun an, avec les avoines; et souloient monter lesdictes vinoisons de Varedes cent sextiers et demi de vin et celles de Germigny XV sextiers et demi et III pintes; et durant le temps de ce compte ne montèrent, c'est assavoir celles de Varedes que LXV sextiers de vin, et celles de Germigny que XIV pintes choppine de vin, comme il appert par les parties cy-devant rendues ou chappitre de recepte d'avoine; et le surplus desdictes vinoisons, montant, c'est assavoir, celles de Varedes XXXV sextiers et demi de vin, et celles de Germigny XIII sextiers V pintes choppine de vin, ont esté et sont, durant le temps de ce present compte et plusieurs comptes precedans, en non valoir, pour ce que les heritages de ce redevables ont esté et sont en friche, savart et ruyne et de nulle valeur, et n'y a aucuns detenteurs apparans, et sont les aucuns trespassez et leurs hoirs absens, au moins non apparens, et les autres s'en sont alez hors du pais, et tout à l'occasion de la guerre; et autres les denient estre leurs. Pour ce, cest an audit terme de lendemain de Noel 1425, pour lesdictes vinoisons de Varedes et Germigny qui sont en valoir. . . . .

A VILLENOYL

86. — De la despueille et vin creu durant le temps de ce present compte ès vignes de l'evesque seans à *Villenoil*, neant, pour ce qu'elles ont esté gellées, et si estoient en friche longtemps paravant, comme les autres cy-devant declairées, et par ce n'a l'en trouvé qui les ait voulu amoisonner. Et pour ce. Neant.

87. — Des dismes de vin de *Villenoil* et de partie des *Larris de Meaulx* et *de Cregy*, neant cy, pour ce que on les a amoisonnées en argent dont recepte sera faicte cy après ou compte en deniers. Et pour ce, cy . . . . Neant.

88. — Des coustumes deues audit *Villenoil* chascun an le lendemain de Noel avec les avoines, qui souloient monter par an [XXV] sextiers VI pintes, et à une autre partie V pintes et le tiers de pinte de vin; et cest an 1425, ne monterent que V sextiers III pintes (1), comme il appert par les parties cy-devant rendues ou chappitre de recepte d'avoine. Et le surplus desdictes vinoisons, montant XXI sextiers I pinte le tiers de pinte de vin, ont esté et sont durant le temps de ce compte et plusieurs comptes precedans en non valoir, comme il appert par les parties cy-devant rendues, deuement veriffiées, pour ce que les heritages de ce redevables ont esté et sont en friche, etc... Pour ce, pour le terme de landemain de Noel 1425 pour lesdictes vinoisons de Villenoil des heritages qui sont en valoir et tenuz et occupez par aucuns. . . . . .

A MEAULX ET CREGY

89. — Des dismes de vin des *Larris de Meaulx* et de *Cregy*, neant cy, pour ce qu'elles ont esté amoisonnées avec celles de Villenoil, dont recepte sera faicte cy-après en deniers. Pour ce, cy . . . . . Neant.

90. — De la despueille de demi arpent de vigne ou environ, seant ès *Larris de Meaulx*, appartenant audit evesque, à cause de sa prebende que il a en l'eglise Saint-Estienne de Meaulx, ouquel (demi-arpent) a creu cest an 1425, comme il appert par le compte de Jehan Le Gros, commis à icelle vendenger, une queue et demie de vin (2). une queue et demie.

Recepte de chappons, *tant à Varedes, à Villenoil, à Germigny*

(1) En 1424, 7 setiers 5 pintes et le 6ᵉ d'un setier.
(2) En 1424, une queue et 3 poinçons.

comme à Estrepilly, qui croissent et apetissent, deuz chascun an landemain de Noel. — 91. — De cinquante deux chappons et demi et le tiers d'un chappon, qui souloient estre deuz à *Villenoil* audit jour avec les avoines, comme il appert cy-devant en recepte d'avoine ; lesquelz sont diminuez et ne montent cest an que X chappons trois quarts et demi de chappon. Et le surplus, montant XLI chappons et demi I tiers et le VIII° de chappon, a esté et est pour le temps de ce present compte et autres comptes precedans en non valoir, comme il appert par les parties cy-devant rendues ou compte d'avoine, deuement certiffié, pour ce que les heritages de ce redevables ont esté et sont en friche, etc... Pour ce. . . . . , . [X chappons trois quart et demi de chappon]

92. — De cent deux chappons ung quart, qui souloient estre deuz à *Varedes*; c'est assavoir avec les avoines et coustumes, dont mencion est faicte cy-devant en recepte d'avoine, cent chappons et demi landemain de Noel ; avec les grans cens cy-après declairez ou compte en deniers XI chappons et demi et I quart ; lesquels sont diminuez et ne montent cest an et autres ans precedans que LXVII chappons et demi chappon. Et le surplus, montant XLIIII chappons et demi et ung quart de chappon, a esté en non valoir, comme il appert, etc., pour ce que les heritages de ce redevables ont esté et sont en friche, etc... Pour ce. . . . . LXVII chappons et demi.

93. — De XXXVIII chappons et le XVI° d'un chappon de coustume, qui souloient estre deuz à *Germigny* avec les avoines audit terme, lesquelz sont pareillement diminuez et ne montent cest an ne autres ans precedans que VIII chappons et demi et le VIII° d'un chappon. Et le surplus, montant XXIX chappons I quart et demi et le XVI° de chappon, a esté en non valoir pour semblable cause que dessus est dit, comme il appert, etc... Pour ce. . [VIII chappons et demi et le VIII° de chappon.]

94. — De XIX chappons qui souloient estre deuz chascun an à *Estrepilly* audit terme, neant receu par ce receveur, pour ce qu'il n'en puet trouver aucune declaracion ou enseignement de ceulx qui les doibvent, pour ce que les papiers et registres de l'evesque furent perduz à la prinse de Meaulx, et qui les auroit, si n'en pourroit-on aucune chose ou pou avoir ne recevoir, pour ce que les heritages de ladicte ville sont la gregneur partie en friche et en ruyne, et mesmement les redevables desdiz chappons, et n'y a aucun detenteur apparant. . . . . [Néant]

95. — De quatre chappons que l'evesque souloit prendre chascun an à *Marcilly*, à cause de sa prebende que il a en l'eglise de Meaulx, neant, pour ce que c'est ung gros et que par la grant povreté et diminucion des revenues de ladicte eglise, à l'occasion de la guerre, les chanoines d'icelle eglise n'ont aucun gros cest an ne autres ans precedans. Et par

ce, l'evesque ne le Roy à cause de regale n'en peuvent point avoir, comme cy-devant est contenu au chappitre de recepte de blé. . [Néant]

Despense desdiz chappons. — Dons et remissions. — 96. — Aux habitans et autres aians heritages ès villes et terrouers de *Villenoil*, *Varedes*, *Germigny* et *Estrepilly*, desquelz recepte est faicte cy-devant en III parties de IIII^{xx} et VII (87) chappons, dont la moitié leur a esté quittée pour cest an et l'an precedant par lettres rendues sur le compte feny à la Saint-Jehan 1424, comme contenu est plus à plain cy-devant en despense d'avoine ou chappitre de dons et remissions. Pour ce, cy pour ladicte moitié. . . . . [XLIII chapons et demi]

Chappons rendus en recepte et non receuz (*en blanc*).

Recepte d'oisons, *qui croissent et apetissent, deuz à Varedes et à Germigny.* — 97. — De la disme d'oisons deuz à *Varedes* et à *Germigny*, à l'Ascension Nostre Seigneur, neant ou temps de ce compte, pour ce qu'il n'y a aucunes oues, et par ce aucun ne les a voulu admoisonner. Pour ce, cy . . . . Neant.

Recepte de poussins. — 98. — Des poussins deuz à *Villenoil* le jour Saint-Estienne en aoust, et se paient sur chascun feu ung poussin, s'il n'est previlegié ; et ont monté durant le temps de ce present compte comme il appert par les parties cy-devant rendues, c'est assavoir, pour le jour Saint-Estienne 1425, VIII poussins et pour le jour Saint-Estienne 1426, VIII poussins. Pour tout ce. . . . . . [XVI poussins]

99. — Des poussins deuz chascun an audit terme à *Varedes*, qui se paient ung poussin sur chascun feu demourans en aucunes maisons d'icelle ville, se ilz ne sont previlegiez ; et ont monté, c'est assavoir pour le jour Saint-Estienne 1425 XVII poussins et pour le jour Saint-Estienne 1426 XVII poussins. Pour tout ce. . . . . [XXXIV poussins]

100. — Des poussins deuz chascun an audit terme à *Germigny*, et se prennent comme dessus sur chascun feu ung poussin ; et ont monté, c'est assavoir pour le jour Saint-Estienne 1425 VII poussins et pour le jour Saint-Estienne 1426 VII poussins. Pour tout ce. . . [XIV poussins]

101. — Des poussins deuz à *Estrepilly* chascun an audit terme, qui ont valu IIII poussins et demi poussin pour ledit jour Saint-Estienne 1425 et IIII poussins et demi poussin pour ledit jour 1426 ; et souloient monter XXV poussins qui se prennent sur heritages dont partie est en ruyne

et non valoir et que partie en sera prins comme non receu pour lesditz II termes. Pour ce, cy. . . . . [IX poussins]

102. — De quatre poussins que l'evesque souloit prendre chascun an à *Marcilly*, à cause de sa prebende que il a en l'eglise de Meaulx, neant pour ce que c'est son gros et que durant le temps de ce present compte les chanoines prebendiers en ladicte eglise n'ont point de gros, pour la diminucion des revenues à l'occasion de la guerre, comme cy-devant est contenu. Pour ce. . . . . [Neant]

Despense desdiz poussins. — 103. — Pour poussins renduz en recepte et non receuz, c'est assavoir des poussins deuz à *Estrepilly*, L poussins pour II ans, qui se prennent sur certains heritages dont n'a esté receu chascun an que IIII poussins et demi, valant pour II ans IX poussins. Et le surplus, montant XLI poussins, n'a peu estre receu, pour ce que les heritages de ce redevables sont en non valoir, comme appert par certifficacion des bailli et procureur du Roi cy-devant rendue, et si en avoit quictié la moitié, comme des autres redevances cy-devant declairées. Pour ce, cy pour plus rendu en recepte que receu. . . . . XLI poussins.

Recepte de gelines *de Germigny, qui croissent et apetissent, selon ce qu'il y a de feux en ladicte ville.* — 104. — Des gelines de bois deues audit *Germigny* chascun an landemain de Noel, montant cest an 1425, comme il appert par les parties rendues sur le compte precedent. . . . . VIII gelines.

Despense desdictes gelines (*en blanc*).

Recepte d'aigneaulx, *qui croist et appetisse.* — 105. — De la disme des aigneaulx à *Villenoil*, *Varedes* et *Germigny*, au premier jour de may, neant ou temps de ce compte, pour ce qu'il n'y a aucuns aigneaulx ni brebis. . . . . [Neant]

Despense desdits aigneaulx. . . . . Neant.

Recepte de pourceaulx. — 106. — Neant, pour ce que l'evesque n'a aucuns pourceaulx de rente; et le temps passé, les fermiers des granches en souloient payer aucuns, et ou temps de ce compte il n'y a aucuns fermiers qui en deussent, comme cy-devant est contenu ou chappitre de recepte de grains. Pour ce. . . . . [Neant]

Recepte de pigeons *des colombiers dudit evesché.* — 107. — Neant, pour ce que à l'occasion de la guerre ilz sont tous despueplez et n'y a aucuns coulons. Pour ce . . . . Neant

Recepte d'anguilles. — 108. — Neant, pour ce que les pescheries de *Germigny* sont baillées à ferme en deniers, dont recepte sera faicte cy après. Pour ce, cy. . . . . Neant

DEUXIÈME PARTIE

RECETTES ET DÉPENSES EN DENIERS

I. — *Recettes en deniers.*

Recepte à Meaux et autres lieux — . . . . (1)

109. — Du minage et tonlieu de Meaulx, appartenant à l'evesque et au vicomte de Meaux par moitié, amoisonné pour l'an commençant à la Magdelaine (22 juillet) 1425, pour le pris de 64 livres tournois en tout, à paier aux termes de Toussains et Chandeleur 1425 et Ascension et Magdelaine 1426. Pour la moitié appartenant au Roy nostre sire à cause de ladicte regale . . . . 32 l. t. (2)

110. — Dudit minage et tonlieu de Meaulx, amoisonné pour l'an 1426 à Jehan Carillon, pour le pris de 48 l. 8 s. ; c'est pour la moitié appartenant au Roy 24 l. 4 s. ; c'est par jour 15 deniers 3 pites et demie. Pour 38 jours escheuz depuis le jour de la Magdelaine 1426 inclus jusques au 28ᵉ jour d'aoust 1426 aussi inclus. . . . . 50 s. 3 d.

111. — De la pescherie des fossés Saint-Remi, amoisonnée pour ung an commençant à la St-Jehan-Baptiste 1425, à Jehan Pillot. Pour ce. . 4 l.

112. — De ladicte pescherie amoisonnée pour l'an 1426, à Thevenot Petit, pour 6 l. 10 s. ; c'est par jour 4. d. pite et demie. Pour 66 jours, escheuz depuis la St-Jehan jusques au 28ᵉ jour d'aoust. . 24 s. 3 d. pite.

113. — De Thomas Dubus, pour le louaige de deux travées d'appentiz des halles l'evesque, seans au Marché de Meaulx, du costé de l'ostel

---

(1) Parmi les articles en déficit, se trouve celui des cens du donjon ; il en sera fait mention plus loin : *Deniers rendus en recepte et non reçus* (art. 245).

(2) 32 livres tournois. On a supprimé le *t.* dans les articles suivants, pour abréger.

Jehanne du Molin, à lui louées pour mettre ung pressouer à vin, depuis le 15ᵉ juing 1425 à quatre ans, parmi 20 s. par an. Pour le temps de ce compte . . . . 29 s. 6 d. obole.

114. — De Jehan Jinguet, parcheminier, demourant au Marché de Meaulx, pour le louaige de quatre travées desd. halles, du costé de l'ostel du grant prieur de France, à lui louées le pris de 20 s. par an depuis le 20ᵉ de juing 1425. Pour le temps de ce compte. . . 23 s. 7 d.

115. — De la despueille d'un arpent et demi de pré seant en la prairie de Chage, amoisonné pour la fenoison 1425 à Pierre Amiot. Pour ce. . .
2 s. 6. d.

116. — De la despueille dud. arpent et demi de pré l'an 1426, neant, pour ce que environ la St-Jehan-Baptiste les eaues de la rivière de Marne furent si grandes que led. pré qui estoit prest et en estat de faucher fut gasté desd. eaues, qui furent tout par-dessus led. pré, et y demoura tant de roil et sentit tellement lad. eaue que il ne valut riens.
Neant.

117. — De la despueille de 18 arpens de prez seans en la prairie de Meaulx derrière les Cordelliers, en allant à la Justice de Meaulx, amoisonnez pour la fenoison 1425 à Jaquin le Celier. Pour ce . . . . . 60 s.

118. — De la despueille desd. 18 arpens en 1426, neant (*crue de la Marne, art. 116*). . . . . , ... Neant.

119. — Du pontonnage de la foire de may, neant, pour ce qu'il n'y a point eu de foire, pour la grand povreté et diminucion du peuple à l'occasion de la guerre. . . . . ʼ. . . . . Neant.

120. — De la disme d'Esbely, Coupevrez et Chalifer, avecques la moitié des chandelles et tourteaulx en l'eglise d'Esbely deuz à la Chandeleur, neant, pour ce que on n'a trouvé qui admoisonner l'ait voulu et n'y a riens eu ou très pou labouré, et n'eust pas valu le cueillir, et si n'y osoit-on aller à l'occasion de la guerre . . . . Neant.

121. — Du tonlieu d'Acy, appartenant audit temporel, neant (*mêmes motifs qu'à l'art. 120*). . . . . Neant.

122. — De la mairie de Moisy-le-Temple, avec 11 s. de cens deuz à la St-Remi à Moisy et à Montegny (1), ung sextier d'ougnons, quatre chappons et quatre gelines et six pains, neant, pour ce que les heritages sont en friche, savart et de nulle valeur, et n'y a aucuns detenteurs à l'occasion de la guerre. . . . . Neant.

123. — D'un disner deu chascun an par les habitans de Bregy, à quel jour il plaist à l'evesque à y aller, neant au prouffit du Roy, pour ce que c'est à l'evesque à le prendre quant il y vouldra aller . . . . . . Neant.

(1) Aujourd'hui Moisy-le-Temple et Montigny-l'Allier (Aisne).

124. — D'un autre disner deu chascun an semblablement à la ville de Congy par les habitans demourans sur la terre dud. evesque, neant, pour la cause devant dicte. Neant.

125. — D'un autre disner deu à Estrepilly par les habitans d'illec, neant, comme dessus. . . . . Neant.

126. — Du droit que l'evesque a et prent à cause du minage pour le sel que on vend à Meaulx au garnier du Roy, quant la gabelle a cours, et aussi sur les marchans.... la gabelle estoit cessée ; c'est assavoir sur chascun muy de sel vendu, ung boisseau de sel. Depuis le 25ᵉ jour d'avril 1425 jusqu'au 6ᵉ jour de novembre 1425 fut vendu aud. grenier du sel maistre Le Bolengier 20 muis 8 sextiers mine : c'est pour le minage appartenant au Roy 20 boisseaux et demi, le 8ᵉ et le 12ᵉ d'un boissel ; à 36 l. le muy pour le marchant, vault le boisseau 7 s. 6 d. pour le minage.

127. — De l'abbé de Saint-Faron-lez-Meaulx le jour St-Remi, pour procuracion, 10 l. et une paire de bottes, neant pour le Roy, pour ce que c'est des appartenances de la juridiction espirituelle. . . . . . . Neant.

128. — De l'abbé Notre-Dame de Chage pour semblable le jour St-Remi, qui doit 100 s., neant, pour la cause devant dicte . . . . Neant.

129. — De 30 s. deuz chascun an aud. terme par le prieur de Sainte-Celine pour semblable, et une paire de bottes, neant, pour la cause devant dicte. . . . . Neant.

130. — D'une paire de bottes que doit chascun an aud. terme le prieur de la Selle-en-Brie pour semblable cause, neant comme dessus.   Neant.

131. — D'un besant d'or au pris de 20 s., deu chascun an aud. terme par les chanoines de la chapelle de Crecy pour semblable cause, neant comme dessus. . . . . Neant.

132. — Des chanoines d'Oyssery ung besant d'or de 20 s. chascun an aud. terme pour semblable cause, neant comme dessus. . . . . Neant.

133. — De 100 s. de rente deuz chascun an à tousjours au terme de Noel par le chappitre de Meaulx, detenteurs au lieu de la femme et hoirs de feu messire Pierre Dannoy, jadiz chevalier, de ung fief qui muet dud. temporel, seant à Armentières. . . . . 100 s.

134. — De l'abbé de St Germain-des-Prez lez Paris, qui doibt chascun an à l'evesque de Meaulx, au terme de Toussains, 60 pains blancs, ung muy de vin, à la mesure de Paris, trois sextiers d'avoine, deux livres de cire, demie livre de poivre rout (1) et 10 s. parisis, à cause de leur prioré de St-Germain-lez-Couilly en Brie, neant, pour ce que led. abbé dit que c'est pour procuracion et par ce espirituel . . . . Neant.

---

(1) Poivre rout (*ruptum*), brisé ou moulu.

135. — Des cens d'un moulin soubz Faremoustier le jour St-Remi 6 d. par an, neant pour ce qu'on ne puet trouver qui les doibt. . . . Neant.

136. — De 3 s. de menuz cens deuz à Ussy aud. jour St-Remi, neant pour ce que despieça ilz sont en debat et procès entre l'evesque et l'abbé de Resbès. . . . . , . . . Neant.

137. — De l'ostel de l'evesque de Meaulx seant à Paris devant Saint-Pol, neant, pour ce que Thierry Morison, sergent à verge du Roy au Chastelet de Paris, a esté commis par nosseigneurs des Comptes et tresoriers, par lettres du 9e jour de mars 1422 (1423), à recevoir les deniers des louaiges dud. hostel, pour yceulx convertir ès reparacions necessaires d'icellui hostel, qui estoit en ruyne et en voye de cheoir, si on n'y eust pourvu ; lequel commis est tenu d'en rendre compte à nosd. seigneurs . . . . Neant.

Recepte pour vendue de grains et de vin. — 138. — Pour la vendicion de deux muis de blé, que devoient les religieux, abbé et convent de St-Faron ; lesquelz deux muis furent appreciez 15 s. chascun sextier ; valent lesd. deux muis. . . . .

139. — De la vendicion de deux muis de blé, receuz des abbé et convent de Resbès sur leur granche de Ussy par Jaquin Chastron, sergent du Roy en la prevosté et ressort de Meaulx, lesquelz deux muis mesure de Meaulx font 27 sextiers mesure de la Ferté-soubz-Juerre, à laquelle mesure de la Ferté led. blé fut vendu aud. lieu de la Ferté le 6e jour de janvier 1425 (1426) chascun sextier 20 s. aux plus offrans ; valent lesd. 27 sextiers . . . . 27 l.

140. — De la vendicion de quatre sextiers trois minons segle, appreciez chascun sextier 15 s. et venduz par Jehan Legros à plusieurs personnes à Meaulx, à la somme de. . . . . 78 s. 1 d.

141. — De la vendue de deux muis d'avene venduz à la Ferté-soubz-Juerre par Jaquin Chastron 15 s. le sextier ; valent. . . . . 18 l.

142. — De la vendicion de cinq muis une mine un boissel et demi et deux quarts de boissel d'avene, mis en garnier à l'ostel episcopal à Meaulx, appreciez à 10 s. chascun sextier ; valent. . 30 l. 7 s. 2 d. pite.

143. — De la vendue de une queue et trois poinssons de vin, creu cest an (1424) ès Larris de Meaulx, appreciez, c'est assavoir la queue 60 s. et chascun poinsson 40 s. Pour ce. . . . . 9 l.

144. — De la vendue de une queue et demie de vin vermeil (1425), appreciée. . . . . 4 l.

145. — De la vendue de 37 sextiers 2 pintes choppine et le 12e de pinte de vin receuz (en 1424) des vinoisons de Varedes, Germigny et Villenoil, apprecié chascun sextier 15 d. Pour ce . . . . 46 s. 8 d.

Rachaz, reliefz et quins-denierr des frans-fiefz, tenus et mouvans dudit temporel. — 146. — De Richart de la Mare, bourgeois de Paris, pour le quint denier d'ung fief seant à Charny, contenant... le moustier de lad. ville et le jardin derrière, avecques dix-huit arpens de terres en plusieurs pièces et lieux au terrouer dud. Charny, mouvans et tenus en fief de mons. l'evesque de Meaulx; lequel fief et cent quinze arpens d'autres terres seans aud. Charny, mouvans d'autres seigneurs, appartenans à Robert Gilleron, bourgeois de Meaulx et à sa femme, fille de feu Pierre Hebart, bourgeois de Paris, à cause d'elle, ont esté adjugez aud. Richart de la Mare pour le pris de 100 l. parisis pour une fois, et aux charges de trois muys de blé et 10 l. tournois de rente, que y avoient droit de prendre led. Richart de la Mare et Parrette sa femme, par les moyens qui s'ensuivent: c'est assavoir, ung muy de blé que led. Pierre Hebart et sa femme donnèrent en mariage à la femme dud. Richart, et les deux autres muys furent venduz ausd. Richart et à sa femme le derrien jour de mars 1426 par Blanche, femme dud. Pierre Hebart; et lesd. 10 l. tournois de rente furent vendues par led. Pierre Hebart le 26ᵉ may 1416 le pris de 100 livres parisis. Pour lequel quint-denier led. Richart a finé et composé à mons. le bailly du Roy à Meaulx à la somme de 16 l. t. Et a fait led. Richart en la main dud. mons. le bailli le serment de feaulté, comme appert par lettres du 15ᵉ decembre 1425. . . . . . , ... 16 l.

147. — De Robert Gilleron, bourgeois de Meaulx, pour le relief dudit fief, lequel il devoit à cause de son mariage, dont il a finé et composé à 20 s. Pour ce . . . . 20 s.

148. — De messire Jehan de Luxembourc, chevalier, comte de Guise, auquel le Roy, par ses lettres du 5ᵉ juillet 1425, a donné la somme de 300 l. parisis, en laquelle il lui estoit tenu par le moyen de ceste regale, à cause du relief de la viconté de Meaulx et de la Ferté-soubz-Juerre avec les appartenances, dont led. chevalier est seigneur, à cause de madame Jehanne de Bethune sa femme; et lesquelles viconté et autres terres dessus dictes sont tenues en fief de mons. l'evesque de Meaulx, dont le Roy a la cause par le moien de lad. regale. Lesquelles lettres du Roy ont esté veriffiées par nosseigneurs des Comptes et tresoriers generaux gouverneurs de toutes les finances, et par leurs lettres du 17ᵉ avril 1426 après Pasques, par lesquelles, après qu'ilz ont esté informez de la valeur desd. terres, ilz ont voulu et mandé à ce receveur que led. seigneur il tiengne quitte dud. relief desd. viconté et Ferté, en faisant recepte et despense pour led. relief de lad. somme. Pour ce recepte . . . . 300 l. parisis.

Recepte en deniers à Germigny-l'Evesque. — 149. — Des cens deuz illec le jour St-Remi, qui souloient valoir 8 l. 4 d.; et l'an 1409, quant led. temporel fut mis en la main du Roy par regalle, ne valurent que 7 l. 15 s., et depuis lors sont moult decheuz et diminuez pour les guerres; toutevoies, le receveur les rend cy entièrement et en la despense il en reprendra partie en non receu (art. 246). Pour ce . 8 l. 4 d.

150. — De la taille deue chascun an en lad. ville aud. terme St-Remi, qui ne croist ne apetisse et vault chacun an 25 l. Pour ce . . . . . 25 l.

151. — De la messerie, appellée la sergenterie d'icelle ville, qui monte par an 40 s. Pour ce . . . . 40 s.

152. — De la barge de Germigny, amoisonnée pour ung an à Jehan d'Armentières pour le pris de 10 s. Pour ce . . . . 10 s.

153. — Dudit passage de l'eaue à Germigny, amoisonné pour l'an 1426 pour 60 s. Pour ce, pour 66 jours escheuz de la St-Jehan jusqu'au 28° jour d'aoust ensuivant, au pris de 1 d. ob. 1 quart de pite par jour. . . . . .

154. — Du four bannier de lad. ville de Germigny, neant, pour ce que on n'a trouvé qui admoisonner le vueille, pour la grant pouvreté et diminucion du peuple. . . . . , . . . Neant.

155. — De six coustumes et demie un quart et le 6° de coustume des coustumes de Chamigny, que doibvent plusieurs personnes, dont la coustume vault pour chascun arpent de terre 1 denier, une fouasse de la fleur d'un boissel de froment et un sextier d'avoine; et la coustume de deniers et fouasse qui souloient monter six coustumes et demie un quart et le 8° de coustume ne montent de present que une coustume de 1 denier et 2 s. 6 d. pour une fouasse. Et le surplus, montant cinq coustumes et demi le quart et le 8°, a esté en non valoir, comme il appert, etc (1). Pour ce . . . . 2 s. 7 d.

156. — Du coulombier de Germigny, neant, pour ce qu'il n'y a aucuns coulons, à l'occasion de la guerre . . . . Neant.

157. — De la despueille de 24 arpens de prez seans aud. Germigny au lieu dit en Rivière, amoisonnez pour la fenoison de 1425 à Guillot Malin, pour 12 s. 6 d., à paier au terme St-Martin. Pour ce. . . . . 12 s. 6 d.

158. — De la despueille desd. 24 arpens pour 1426, neant (*crue de la Marne; voir art. 116*) (2). Neant.

159. — De la tuillerie des bois de Germigny, neant, pour ce que on n'y a riens fait . . . . Neant.

160. — De la plastrière estant prez de lad. tuillerie, neant, pour la cause devant dicte . . . . Neant.

(1) Voir ci-dessus art. 49.
(2) Le compte indique, en outre, 7 arpents de pré au lieu dit Vauregart, 7 arpents lieu dit les Noes, 3 arpents lieu dit la Chanoie, 7 quartiers de pré lieu dit Chanteraine.

161. — De la garenne de Germigny, neant, pour ce qu'elle a esté moult foulée durant la guerre, et n'y a que ung pou ou nulz conins, qui eussent plus cousté à chasser et à prendre que ilz n'eussent valu . . . . Neant.

162. — De la pescherie des moulins de Germigny, admoisonnée pour 1425 à Guillot Gervost, pour 20 l. 8 s. par an. Pour ce . . . . . 20 l. 8 s.

163. — De lad. pescherie, amoisonnée pour 1426 à Thibaut Pelet parmi 15 l. Pour ce pour 66 jours escheuz depuis la St-Jehan jusqu'au 28ᵉ d'aoust, au feur de 10 d. pite et demie par jour ; valent. . 56 s. 3 d. ob.

164. — De la taille des forains, dont chascune personne de serve condicion dudit seigneur evesque demourant hors de lad. ville doit par chascun an 12 d., neant, pour ce que le maire dud. lieu les reçoit, affin de soy en prendre garde, à cause de son office, ainsi qu'il est accoustumé le temps passé. . . . . Neant.

165. — De la mairie de Germigny, amoisonnée à Pierre Baynel pour 20 s., à paier aux termes de St-Remi, Noël, Pasques et St-Jehan. 20 s.

166. — De messire Jehan Disque, chevalier, capitaine de Meaulx, pour la despueille de neuf arpens de bois que il a fait coper ès bois de Germigny durant ceste regale pour son chaufaige et usaige, quel bois fut mesuré par Jehan de Venderez, mesureur, et apprecié par Jehan Lemestre, sergent des eaues et forestz du Roy, et Fr. Mesgret, marchant de bois 40 s. l'arpent. Pour ce. . . . .

167. — De Jehan Pousse, homme d'armes de la garnison de Meaulx pour routure (coupe) de cinq quartiers de bois, qu'il a fait copper pour son usaige ès bois dud. Germigny, au pris de 40 s. l'arpent ; valent . . .

Recepte en deniers à Varedes. — 168. — Des cens deuz chascun an le jour St-Remi, qui souloient valoir 10 l. 4 s. 6 d., et sont decheuz dès long temps a, comme il appert par le derrien compte de la regale qui fut l'an 1409, et encores sont plus decheuz depuis durant la guerre ; et toutevoies le receveur les rend cy entièrement et en reprendra partie en non receu. Pour ce . . . . 10 l. 4 s. 6 d.

169. — Des los et ventes des heritaiges venduz mouvans desd. cens : de Perrot Pion, pour les ventes de un quartier et demi de pré seant au lieu dit Costeret, lequel il a acheté de Nangis Hanap le pris de 70 s. Pour ce, à 20 d. pour livre . . . . 5 s. 10 d.

170. — de Colin Cretout, pour les ventes de quatre perches et demie de vigne seant au lieu dit la Bosse, laquelle il a achetée de Colin Jolivet le pris de 67 s. 6 d. Pour ce. . . . . 5 s. 7 d. obole.

171. — De la taille deue chascun an à la St-Remi, qui ne croist ne apetisse et vault 55 l. Pour ce . . . . 55 l.

172. — De la messerie, qui monte 100 s. et ne croist ne apetisse. 100 s.

173. — Des grans cens deuz des vignes assises dessus la fontaine d'Artueil et à la Quarrière, qui se paient en vendenges, et doit chascun arpent 12 s., et souloient monter en tout 6 l. 4 s. 9 d., et de present ne montent que 4 l. 18 s. 7 d.; et le surplus montant 26 s. 2 d. a esté et est en non valoir, pour ce que les heritages de ce redevables ont esté et sont en friche, savart et n'y a aucuns detenteurs apparens, etc. Pour ce . . .

174. — Des grans cens de la terre de la Greve, dont chascun arpent devoit 12 s., et de present ne doibvent pas tant, car plusieurs y avoient renoncé et furent pieça baillez à Jehan Pepin, Guiot Drouet et Gilet Rodain, pour...; et souloient monter 6 l. 7 s., et de present ne montent que 32 s. 2 d.; et le surplus, etc. Pour ce. . . . .

175. — D'autres grands cens deuz à la St-Martin d'iver des terres assises à la Roche, dont chascun arpent souloit devoir 16 s., et montent 24 s., lesquelz l'evesque ramena pieça à 15 s., qui de present sont tous en non valoir par semblable cause que cy devant est dit. Pour ce.. Neant.

176. — D'autres grans cens deuz des terres assises au lieu Chaudefouasse, dont l'arpent doit 12 s.; et souloient valoir 16 s. et à present ne montent que 9 s., pour ce que Guillaume Bourneville en tenoit une pièce, qui doit 7 s., à laquelle il renonça pieça; et doit lesd. 9 s. Jehan Le Riche. . . . . 9 s.

177. — D'autres grans cens deuz des vignes de la Pierre-Asson, dont l'arpent doit 8 s., et n'en y a que deux arpens. Pour ce. . . . . . 16 s.

178. — D'autres grans cens deuz des vignes assises desoubz la fontaine d'Artueil, dont chascun arpent doit 12 s., et montent en tout . . .
. . . . 18 s.

179. — D'autres grans cens deuz à cause de certains heritages seans au lieu dit à la Boissière (16 s. par arpent), et n'en y a que trois quartiers que tiennent Jehan Le Marchant et Jehan Loysel pour. . . . 12 s.

180. — D'autres grans cens deuz des vignes seans au lieu dit les Plantes de Chage dessus la Vigne-Blanche; et doibvent argent et chappons, desquels chappons mencion est faicte cy-devant, et l'argent monte 7 s. 9 d., neant, pour ce que tout est en non valoir, etc. . . . . Neant.

181. — D'autres grans cens deuz des terres et vignes assises au lieu dit la Gorbarde (12 s. par arpent); et souloient monter 12 s., et à present ne montent que 3 s., qui sont en non valoir, etc . . . . . . Neant.

182. — D'autres grans cens deuz des terres assises au lieu dit les Plantes dessus le Bordel, qui souloient estre vignes, et souloient devoir chascun arpent 18 s., 2 chappons, et montoient en somme 11 l. 14 s. et 26 chappons; et depuis chascun arpent a esté amoisonné par l'evesque pieça à 10 s. sans autres charges; et souloient monter 6 l. 9 s., et de

present ne montent que 45 s. ; et le surplus en non valoir, etc. Pour ce.
. . . . 45 s.

183. — D'autres grans cens, deuz à la St-Martin, appelez les grans cens des terres et vignes devant le Clos dudit seigneur [evesque], dont chascun arpent devoit 18 s. et 2 chappons ; et souloient valoir 4 l. 19 s. 3 d. et 11 chappons ; et pour ce qu'il y avoit un arpent et demi qui devoit 27 s. et 3 chappons, lequel arpent et demi a esté delaissié pour lad. charge et a esté rebaillié à 9 s. sans chappons, et n'y a à present que 4 l. 1 s. 3 d. et 8 chappons ; et de present ne montent que 25 s. 7 d ; et le surplus, etc. Pour ce. . . . . 25 s. 7 d.

184. — D'autres grans cens, deuz à Noël, des terres tenans au Clos dud. seigneur à Varedes (16 s. par arpent); et souloient monter 108 s. et souloient estre en vignes, et à present ne montent que 4 l. 14 s. 4 d., pour ce que pieça on en laissa 11 quartiers, et ont esté rebaillés pour 11 s. chascun arpent par le receveur de l'evesque (tout en non valoir). . . Neant.

185. — Des nouveaux savars baillez par le receveur de l'evesque messire Jehan de Sains à plusieurs personnes, montans 24 s. (en non valoir) . . . . Neant.

186. — De la despueille de sept arpens de prez en une pièce et 22 arpens en une autre pièce, seans lez le moulin dud. Varedes, amoisonnez pour la fenoison 1425, c'est assavoir lesd. sept arpens à Jehan Thomé pour 4 s. et lesd. 22 arpens à Jehan Herbin pour 60 s. ; lesquelles parties montent en tout . . . . 100 s.

187. — De la despueille desd. prez en 1426, neant (*crue de la Marne, voir art. 116*). . . . . Neant.

188. — Du coulombier dud. Varedes, neant, pour ce qu'il n'y a aucuns coulombs . . . . Neant.

189. — Du four bannier de Varedes, neant, pour ce qu'il estoit ruiné dès pieça, et n'avoit que un pou de povres gens aud. Varedes, qui venoient querir pain à Meaulx ; et n'eust pas valu le remettre sus. Neant.

190. — De l'isle l'evesque, neant, pour ce que on n'a trouvé qui l'ait voulu amoisonner, pour ce qu'elle n'estoit pas en couppe. . . . Neant.

191. — Du jour du Clos, dont plusieurs personnes demourans tant à Varedes comme à Germigny, doibvent chascun une journée, quant on fouyt les vignes en mars ou 5 deniers. Pour ce receu pour lesd. corvées en mars 1425 de plusieurs personnes 5 deniers, montant en tout. . . . .

192. — De la taille des forains dont chascune personne de serve condicion dudit evesque demourant hors de lad. ville doit par an 12 deniers, neant, etc. (voir art. 164). . . . . Neant

193. — De la mairie de Varedes, amoisonnée pour l'an 1425 à Jean

Luquet, pour 4 l., à paier aux termes St-Remi, Noël, Pasques, et St-Jehan... Neant.

194. — Des corvées deues en fenoisons en lad. ville de Varedes, neant pour ce que les prez de l'evesque seans en la prayerie de Meaulx derrière les Cordeliers n'ont point esté despouillez en la main du Roy, pour amener le foing desquels prez lesd. corvées sont deues. Pour ce. Neant.

195. — Du tonlieu de la ville de Varedes, neant, pour ce que on n'en puet savoir ne trouver aucun enseignement dès long temps a. Pour ce... Neant.

196. — Du rouage deu aud. lieu de Varedes, dont chascune chartre (charette) doit 2 d. et chascun chariot 4 d., à peine de 60 s. d'amende, neant, par ce que c'est au maire, à cause de la mairie dud. Varedes. . Neant.

197. — Des dismes des vins de Varedes appartenans à l'evesque de Meaulx, amoisonnez pour l'an 1425 le pris de 15 l., à paier à la St-Martin d'iver. Pour ce................................. 15 l.

198. — Des dictes dismes des vins de Varedes pour l'an commençant à la St-Jehan 1426, neant, pour ce qu'elles appartiennent à mons. l'evesque, par ce que les vendanges eschevent depuis la delivrance à lui faicte de son temporel. Pour ce........................ Neant.

Recepte en deniers à Villenoil. — 199. — Des cens deuz le jour St-Remi, qui souloient valoir 8 l. 6. s. 9 d., lesquelz sont moult diminuez dès pieça et mesmement durant le temps et depuis que les guerres ont esté; et toutevoies le receveur les rend cy et en reprendra partie en non receu. Pour ce........................... 8 l. 6 s. 9 d.

200. — De la taille deue en lad. ville le jour St-Remi, qui ne croist ne apetisse et vault chascun an 30 l. Pour ce............. 30 l.

201. — De la messerie d'icelle ville, qui monte chascun an 10 l., et ne croist ne apetisse. Pour ce........................... 10 l.

202. — Du coulombier de Villenoil, neant, pour ce qu'il est abatu et desmoly du tout durant le siège qui a esté devant Meaulx. Pour ce . . . . Neant.

203. — De la disme des vins de Villenoil et de partie des Larris de Meaulx et de Cregy, amoisonnées pour l'an 1425 à Jehan Drouet pour 10 l., à paier au terme St-Martin d'iver.............. 10 l.

204. — Des dictes dismes de vin dud. Villenoil pour 1426, neant, pour ce que c'est à l'evesque............................... Neant.

205. — Du pressouer de Villenoil, neant, pour ce qu'il est abbatu et despecié du tout et ars durant la guerre................. Neant.

206. — De la despueille de dix arpens et demi et demi quartier de prez.

appelez les prez de Tilloy, amoisonnez à Jaquin Le Selier pour 66 s., à paier à la St-Martin d'iver. . . . . 60 s.

207. — De la taille des forains, dont chascune personne de [serve] condicion demourant hors de lad. ville doit 12 d., neant, pour ce qu'il n'y a aucuns hommes de corps de Villenoil demourans hors d'icelle ville, qui soient venuz à la congnoissance de ce receveur . . . . Neant.

208. — De la mairie dud. Villenoil, neant, pour ce que on n'a trouvé qui l'ait voulu admoisonner . . . . Neant.

209. — Du four de lad. ville, neant, pour ce qu'il est cheu et abatu dès pieça. . . . . Neant.

Recepte en deniers à Estrepilly (1). — 210. — Des cens deuz à la St-Remi et d'autres cens que l'on souloit recevoir landemain de Noel, qui souloient valoir 4 l. 18 s. 10 d.; et sont diminuez durant la guerre; et toutevoies le receveur les rent entièrement et reprendra partie en non receu. . . . . 4 l. 18 s. 10 d.

211. — De la taille deue chascun an à la St-Remi, qui ne croist ne apetisse et vault 62 s. Pour ce. . . . . 62 s.

212. — De la messerie et sergenterie d'icelle ville, qui monte chascun an 9 l., selon le compte de la regale de 1409, et ne monte que 7 l., selon le compte du receveur de l'evesque de 1412. . . . . 7 l.

213. — Des cens deuz des terres des coustumes de Lochy illec, qui montent chascun an 100 s. Pour ce . . . . 100 s.

214. — De la valeur du coulombier illec, neant, pour ce qu'il n'y avoit aucuns coulons, et ont esté gastez et perduz durant la guerre . . . . Neant.

215. — Du four bannier d'Estrepilly, neant, pour ce que on n'a trouvé qui l'ait voulu admoisonner et n'y demeuroit que ung pou de povres gens. . . . . Neant.

Recepte en deniers au Mand-l'Evesque. — 216. — De l'ostel et appartenances du Mand, neant, pour ce que on n'a trouvé qui l'ait voulu amoisonner. . . . . , Neant.

217. — Du grant estang dud. hostel; de l'estang de dessus le grant estang, dit de Vaucourtois; de l'estang de devant led. hostel; de l'estang appelé l'estang de Mahiet, neant, pour ce qu'il n'y a point de poissons, à l'occasion de la guerre. . . . . Neant.

218. — D'une piece de bois, seant lez led. hostel, contenant environ

---

(1) Les articles 210 à 215, concernant Etrépilly, sont extraits du compte de 1424-1425; il y a une lacune à cet endroit dans le compte de 1425-1426.

deux arpens, neant, pour ce que on n'a trouvé qui les ait voulu amoisonner et n'y a l'en osé aler à l'occasion de la guerre. . . . . Neant.

Recepte en deniers à Barcy. — 219. — De la despueille de trois quartiers de pré seans à Bercy, que l'on souloit bailler au fermier des terres illec, que on rendoit en grain, amoisonnez pour la fenoison de 1425 à Guillot Pellote, pour 20 s. Pour ce. . . . . 20 s.

220. — De 6 s. de rente deuz illec le jour St-Remi, que l'on souloit bailler avec la ferme de grains, et que l'on souloit rendre cy devant en la fin du chappitre de Meaulx, selon que ilz estoient au compte de la regale de l'an 1409, pour ce que on ne mettoit cy aucun chappitre de Bercy. Pour ce, et que tant en sera reprins cy après en non receu (art. 250). . . . . 6 s.

Recepte pour vendue de chappons, poussins et gelines. — 221. — De la vendue de 43 chappons et demi, dont recepte est faicte cy devant ou compte des chappons de plusieurs personnes ayans heritaiges à Villenoil, Varedes et Germigny ; receu chascun chappon au pris et estimacion de 2 s. 6 d. la pièce ; valent. . . . . 108 s. 9 d.

222. — De la vendue de 73 poussins, dont recepte etc. ; receu chascun poussin au pris et estimacion de 12 d. ; valent . . . . 73 s.

223. — De la vendue de 8 gelines, dont recepte etc. ; receues au pris et estimacion de 20 d. chascune geline ; valent . . . . 14 s. 4 d.

Amendes et explois de la juridicion laye de l'evesché de Meaulx, *escheuz durant le temps de ce present compte, en la cour episcopale à Meaulx, par-devant maistre Emery de la Vacherie, licencié en loys, commis par monseigneur le bailli de Meaulx ad ce faire, en laquelle juridicion resortissent ceux de Villenoil, combien qu'il y ait maire, lequel n'a point congnoissance de causes, et autres de plusieurs lieux et villes où l'evesque a juridicion.*

224. — De Jehan Thomé, demourant à Varedes, pour ung deffault en quoy il est encouru le 31ᵉ jour de juing 1425, obtenu par messire Pierre de Cherier, curé de Chambery. Pour ce. . . . . 3 s. 9 d.

225. — De Jehan Hannap dit Le Duc, demourant à Germigny-l'Evesque, pour une amende en quoy il fut condampné le 20ᵉ de juillet 1425, pour ce que lui et Pierre Baynel, estant en la taverne aud. Germigny, et après plusieurs paroles de ce que led. Hannap disoit aud. Baynel qu'il avoit emputé envers le receveur du Roy à Meaulx d'aucunes choses et qu'ilz dementirent l'un l'autre, icellui Hannap frapa led. Baynel d'une pique ou baston ferré sur sa teste trois cops, duquel Baynel

le peril de mort et de mutilacion estoit rapporté ; laquelle amende tauxée à.. 40 s.

226. — De Jehan Marcillet, demourant à Trilleport, pour ung deffault, obtenu par le procureur du Roy, pour ce que led. J. Marcillet estoit prins en la main du bailly de soy rendre prisonnier, à peine de 60 s., à certain jour ; auquel jour il ne vint ne comparut. Pour ce..... 60 s.

227. — De Jaquin Huet, demourant à Trilleport, pour une amende en quoy il a esté condempné pour ce qu'il a esté prins jouant au jeu de dez ; pour ce tauxée à.. 7 s. 6 d.

228. — De Guillaume Caouart, demourant à Meaulx, pour une amende en quoy il a esté condempné le 28e juillet 1425, pour ce que en expediant certaine cause par devant le bailli entre Pierre Boudin demandeur en cas d'arrest contre led. Coart, il a dit ces paroles en les adressant aud. Boudin : « Il ne m'en chaut qu'il me face, mais qu'il ne me frape comme il a fait autrefois » ; pour ce tauxée à................ 10 s.

229. — De Jaquet de Leaue, demourant à Meaulx, pour une amende, pour ce que injurieusement il a mis la main et frappé ung homme ; pour ce tauxée à.. 7 s. 6 d.

Amendes et exploix à Varedes, Germigny et Estrepilly. — 230. — Des amendes et exploix de la juridicion laye esd. villes et lieux, neant, pour ce que en chascune desd. trois villes a eu ung maire, qui les mairies ont tenues à ferme d'argent ; lesquelx à cause de leurs fermes prennent les amendes et exploix desd. juridicions, jusques à 60 s., et n'y a aucune chose escheue au-dessus. Pour ce..... Neant.

II. — *Dépenses en deniers.*

Despense pour façons de vignes et vendanges. — 231. — A Jehan Vydet, laboureur, demourant à Varedes, pour avoir fait et labouré de toutes façons demi-arpent de vigne seant ès Larris de Meaulx, c'est assavoir, taillé en mars 1425, fiché, ployé, esbouturé, essarbé et redrecié, et pour deux milliers d'eschallas qu'il a pour ce livré en 1426, et pour demi-cent de fosses qu'il a faictes en lad. vigne. Pour ce paié à lui....

232. — Aux habitants de Villenoil, lesquelz ont escrepé et coppé, par le... partie de la vigne du clos de Villenoil. Pour ce, pour 6 pintes de vin 2 s. 6 d., et pour pain 4 d., pour harenc et pitance 4 s. 2 d. Pour tout ce.. 7 s.

233. — A deux hostiers qui apportèrent à Meaulx, le 25e jour de septembre 1425, la vendange de demi-arpent de vigne seant ès Larris de

Meaulx, à chascun 3 s. 9 d.; valent 7 s. 6 d. — A cinq vendengeresses, à chascune 15 d.; valent 6 s. 3 d. — Pour pain, pour lesd. vendengeresses et hostiers, 2 s. 6 d. — Pour char (viande), 3 s. 4 d. — Pour neuf pintes de vin, au pris de 2 doubles la pinte, 2 s. 6 d. — Pour aulx, 2 d. — Pour le salaire de ung homme qui a foullé et tiré ledit vin et porté le marc au pressouer, 3 s. 4 d. — Pour le salaire de Jehan Legros, commis par le bailly de Meaulx, 3 s. 4 d. — Pour ce, pour les parties dessus dictes, comme il appert par le compte dud. commis. . . . . 29 s. 4 d. (1)

Ouvrages et reparacions. — 234. — A Jehan Carillon, maçon, pour plastre et paine d'ouvrier pour estouper plusieurs troux au plancher et ès murs de la seconde sale de l'ostel episcopal à Meaulx, en laquelle sale ont esté mis les grains des moisons de ceste regale ès ans 1424 et 1425, pour obvier ad ce que les souris qui passoient parmi lesd. trous ne mangeassent led. grain. Pour ce . . . . 7 s. 6 d.

235. — A Jehan Caillet dit Jounesse, couvreur de tuille, demourant à Meaulx, lequel a fait et livré, au mois de juing 1425, en l'ostel de mons. l'evesque de Meaulx seant à Villenoil, ce qui s'ensuit, c'est assavoir deux huis à fermer la salle dud. hostel à faire granche pour mettre et logier les dismes des terres dud. Villenoil, 10 s.; — pour deux vielles serrures pour les deux huis, 2 s. 6 d.; — pour cinq cents de tuilles qu'il a convenu pour estoupper plusieurs troux en la couverture dessus lad. salle, 20 s.; — et pour paine d'ouvrier d'avoir mis en euvre lad. tuille et estouppé plusieurs troux en lad. couverture, 15 s., comme ces choses apparent par certifficacion de Pierre Maquart, charpentier, lieutenant de Jehan Maquart, maistre des euvres du Roy au bailliage de Meaulx, faite le 22ᵉ de juillet 1425. Pour ce. . . . . 47 s. 6 d.

236. — A Pierre Maquart, charpentier, demourant à Meaulx, la somme de 83 l. pour avoir fait, au mois de juillet 1426, les ouvrages de son mestier et livré le merrien, qui s'ensuivent:, c'est assavoir au Marché de Meaulx, en la tour de Coustances, une loge à faire guet, pour ce que (2) . . . la couverture d'icelle fut abattue... laquelle maison contient quatre toises et ung pié de long et deux toises de large, et est garnie de . . . de sept piez de hault, et au dessoubz . . . comble, a agout d'un costé et d'autre, et . . . le merrien qui s'ensuit, c'est assavoir . . . de 25 piez chascune d'un espois . . . et pour fermer les . . . qui sont dessus, a livré . . . de long chascun et 22 piez de . . . à faire les clefs et les arbalestriers . . . pour le comble. Item, 13 couples . . . de

---

(1) C'est par erreur que dans l'*Introduction* (p. xiv), ce total est dit s'élever à 25 s. 7 d.
(2) Le feuillet contenant cet article ayant été mutilé par le relieur, on a dû remplacer par des points les mots qui manquent.

9 piez de long . . . y fere une cheminée . . . . Pour ce lui estoit deu la somme de 25 l. — Item, audit Marché [en la porte de] Cornillon, pour avoir livré . . . merrien à faire autre loge . . . guet, pour ce que la couverture avoit . . . toute abattue de canons par le siège, c'est assavoir . . . poultres de 26 piez de long chascune et d'un pié de fourniture en tout sens, pour le premier plancher, et pour . . . des fermes 26 doubleaux de 13 piez de long chascun et demi-pié de fourniture en ung sens et . . . en l'autre, et pour fermer les pans et les fermes, a aussi livré 30 pièces de 7 piez de long chascune et . . . pié de forniture en ung sens et ung . . . en . . . et en ce lieu aussi a livré et mis 16 couples de chevrons de 10 piez de long chascun, et fait une . . . esture en ung manteau pour la cheminée. Pour ce, lui estoit deu la somme de 29 l. — Item, audit Marché, en la tour de Terrefault, led. Maquart a pareillement fait une loge . . pour ce que semblablement la couverture . . . abbatue, livré le merrien, comme celui de Cornillon de la manière devant dicte. Pour ce lui estoit deu la somme de 29 l. — Toutes lesquelles parties mises ensemble font la somme de 83 l., si comme il puet plus amplement apparoir par lettre de certiffication de Jehan Maquart, maistre des euvres du Roy au bailliage de Meaulx, faicte le 22ᵉ d'aoust 1426. Pour ce. 83 l.

237. — A Jehan Carrillon, maçon, demourant à Meaulx, la somme de 74 l. 2 s. 6 d. pour avoir par lui et ses aides fait, en l'année 1426, au Marché de Meaulx, les ouvrages de son mestier et livré les matières cy après declairées : Premièrement, sur la tour de Coustances, fait la maçonnerie tant de mur comme de cloison et livré le plastre et quis (cherché) les pierres ad ce convenables parmy le Marché de Meaulx, pour une maison pour faire guet, laquelle contient quatre toises et ung pié de long, deux toises de large et sept piez de hault en quarré, laquelle a esté mesurée et contient tant en plancher comme en cloison 18 toises et demie, qui vallent à compter deux toises de cloison pour une toise de gros mur neuf toises et un quart de gros mur. Item, en la cheminée et en gros mur fait prez de la cheminée et autour de lad. maison cinq toises de gros mur. — Item, sur la porte de Cornillon, fait pareillement une maison, qui contient en plancher et cloison 28 toises, qui vallent en gros mur 14 toises. Item, en la cheminée et en degrez à monter amont, et ung mur fait prez de lad. maison pour garder de escheller, pour tout ce ensemble sept toises et demie. — Item, en la tour de Terrefault, fait pareillement une autre maison, pour laquelle asseoir et à haulteur a falu reprendre et rechausser la tour, qui avoit esté abbatue de canons, de huit piez de hault et de deux piez et demi d'espoisseur, revalué les espoisseurs l'un contre l'autre, revenant à 2 piez et demi d'espoisse; et

contient icelle maisonnerie de long en rondeur dix toises et demie, qui font à la haulteur desd. huit piez 14 toises de deux piez et demi d'espoisseur ; ainsi contient lad. maison en gros mur, tout revalué à un pié d'espoisse, tout fait de pierre comune et plastre 35 toises. — Item, à lad. maison, tant en plancher comme en cloison 26 toises et demie, qui vallent en gros mur d'un pié 13 toises et le quart. — Item, à la cheminée et ès degrez six toises de gros mur. — Lesquelles parties mises ensemble font et montent 90 toises de gros mur à 13 s. pour la toise, valent lesd. 90 toises 73 liv. 2 s. 6 d. — Item, fut prins de par le Roy, l'an 1425, une eschelle qui appartenoit aud. Carrillon, laquelle fut mise à la Justice de Meaulx, laquelle eschelle fut prisée à la somme de 20 s. Lesquelles mises ensemble font lad. somme de 74 l. 2 s. 6 d., comme il appert par lettres de certifficacion de Jehan Maquart, maistre des euvres du Roy au bailliage de Meaulx, faicte le 13ᵉ d'aoust 1426. Pour ce . . 74 l. 2 s. 6 d.

Dons et remissions en deniers. — 238. — Aux habitans et autres aians heritages ès villes et terrouers de Germigny-l'Evesque, Varedes, Villenoil et Estrepilly, ausquelz a esté quitté et remis, par lettres du Roy, etc (*comme à l'article 76*), tout ce qu'ils devoient depuis le temps que la ville de Meaulx fut reduite en l'obeissance du Roy jusques au derrien jour de decembre 1423, en ce comprins 10 l. que devoient les paroissiens et habitans de lad. ville de Varedes, à quoy on leur avoit moderé de 55 l. que ilz devoient pour raison de la taille de lad. ville (1); et avec ce a esté quitté aux dessus diz la moitié des charges que devoient les heritages d'icelles villes pour deux ans, etc (*art. 76*). (*Suit le détail des charges en deniers réduites de moitié*). Et montent les parties dessus dictes à la somme de . . . et de deux pintes de vin. Pour ce, reprins la moitié de lad. somme qui a esté quittée par vertu desd. lettres. Et monte lad. moitié la somme de. . . . . (*en blanc*).

239. — Aux habitans de Varedes, desquelz recepte est faicte cy-devant pour la St-Remi 1425 de la somme de 55 l. pour la taille et de 100 s. de la messerie ; lesquelles sommes leur ont esté moderées à la moitié, tant pour l'année precedente comme pour ceste année, par lettres de nosseigneurs des Comptes données le 6ᵉ jour de septembre 1424. Pour ce, pour la moitié desd. taille et messerie. . . . . 30 l.

240. — Aux habitans des villes d'Estrepilly et de Villenoil, desquelz recepte est faicte cy-devant, c'est assavoir de la taille d'Estrepilly, 62 l. et de la messerie, 9 l., de la taille de Villenoil, 30 l. et de la messerie 10 l. ; lesquelles sommes ont esté quittées aus diz habitants pour leur

(1) D'après le compte de 1423-1424, cette remise totale s'éleva à 259 livres 10 sous 1 denier et 2 pintes de vin.

très grant indigence et povreté, par vertu des lettres de nosseigneurs des Comptes, données le 12ᵉ jour de decembre 1424. Pour ce, reprins pour le terme St-Remi 1425. . . . . 111 l.

241. — Aux habitans de Germigny, ausquels pareillement a esté quitté par lettre de nosseigneurs des Comptes données le... (*la date manque*) la somme de 25 l. pour taille et 40 s. pour messerie, que ilz devoient pour le terme St-Remi 1425, dont recepte est faicte cy-devant. Pour ce reprins . . . . 27 l.

242. — A messire Jehan de Luxembourc, conte de Guise, auquel le Roy, par lettres du 5ᵉ juillet 1425, a donné 300 l. parisis pour le relief de la viconté de Meaux et de la Ferté-soubz-Juerre, etc. (*Voir art. 148*). Pour ce, prins en despense, par vertu desd. lettres, cy-rendues avec l'information et recongnoissance sur ce de Jehan du Mesnil ou nom et comme procureur d'icellui monseigneur le comte, 300 l. parisis, dont recepte est faicte cy devant; valent. . . . . 375 l. t.

Despense commune. — 243 (1). — A Jehan Hugot, receveur de Meaulx, commis et estably de par le Roy à recevoir et gouverner tous les prouffiz, revenues et esmolumens du temporel dud. evesché durant lad. regale, pour sa peine, salaire et despenses, tant de lui comme de son clerc et autres commis, d'avoir faictes les receptes et despense dessusdictes, avoir fait plusieurs registres, papiers et escriptures pour led. fait et avoir vacqué plusieurs foiz, acompagné de plusieurs gens qui lui a convenu avoir durant la guerre pour obvier aux perilz qui estoient ès villes dud. temporel, pour le fait de la recepte. Pour ce, pour ung an entier. . 80 l.

244. — Audit receveur, pour ce present compte mettre en forme deue et pour icellui escripre deux fois en parchemin et pour parchemin à ce faire contenant en tout... (*en blanc*) feuillez, 2 s. 6 d. pour chascun feuillet ; valent. . . . .

Deniers rendus en recepte et non receuz. — 245. — Pour deniers rendus en la recepte de ce present compte au chapitre de recepte à Meaulx, où a esté rendu des cens du donjon (2), deuz le jour St-Remi 1425, 15 s. 4 d., et il n'en a esté receu que la somme de 4 s. 9 d., comme il appert par les parties du receu et non receu, cy rendu à cour, certiffié par Jehan de Panchart, commis à les recevoir, qui des parties mises en non receu n'a peu aucune chose avoir ne recevoir, pour ce que le bourc hors de la porte Saint-Remi de Meaulx et autres héritages sur quoy se prennent lesd. cens ont esté abatuz et desmoliz durant

(1) Article extrait du compte de 1423-1424.
(2) L'article de recette manque.

la guerre et sont à present en non valoir. Pour ce, reprins pour plus rendu en recepte que receu la somme de. . . . . 10 s. 7 d.

246. — Pour autres deniers cy-devant rendus en recepte au chapitre de Germigny (art. 149), où a esté rendu des cens deuz illec le jour St-Remi 1425, 8 l. 4 d., et il n'en a esté receu que 4 l. 15 s. 8 d., pour ce que les heritages du surplus sont et ont esté en friche, savars et ruyne, et les detenteurs morts ou absens, à l'occasion de la guerre, comme il appert du receu et non receu certiffié par Pierre Baynel, maire dud. Germigny, commis à les recevoir. Pour ce reprins. . . . . [3 l. 5 s. 8 d.]

247. — Pour autres deniers cy-devant rendus en recepte au chappitre de Varedes (art. 168), où a esté rendu des cens deuz illec le jour St-Remi 10 l. 4 s. 6 d., et il n'en a esté receu que 8 l. 12 s. 10 d., pour ce que les heritages, etc., certiffié par Philippot Rodain, commis à les recevoir. Pour ce reprins. . . . . [1 l. 11 s. 18 d.]

248. — Pour autres deniers cy-devant rendus en recepte au chappitre de Villenoil (art. 199), où a esté rendu des cens deuz illec le jour St-Remi, 8 l. 6 s. 9 d., et il n'en a esté receu que 6 l. 12 s. 6 d. obole, pour ce que les heritages, etc. Pour ce, reprins. . [1 l. 14 s. 3 d. obole]

249. — Pour autres deniers cy-devant rendus en recepte au chappitre d'Estrepilly (art. 210), où a esté rendu des cens deuz illec le jour St-Remi, 4 l. 18 s. 10 d., et il n'en a esté receu que 28 s. 10 d. obole pite, pour ce que les heritages, etc. Pour ce, reprins. 3 l. 9 s. 11 d. pite.

250. — Pour autres deniers cy-devant rendus en recepte au chappitre de Bercy (art. 220), où a esté rendu 6 s. de rente deuz illec le jour St-Remi 1425, dont riens n'a esté receu pour ce que en lad. ville ne demeure que ung pou de povres gens et sont la greigneur partie des heritages d'icelle ville en ruyne à l'occasion de la guerre. Pour ce. 6 s.

251. — Pour deniers cy-devant rendus en recepte au chappitre de Meaulx (art. 133), où a esté rendu du chappitre de Meaulx 100 s., pour un fief que ilz ont à Armentières, et il n'en a esté receu que. . . *(en blanc)*, pour ce que led. fief n'a plus valu à l'occasion de la guerre. Pour ce . . . . *(en blanc)*.

252. — Pour autres deniers cy-devant rendus en recepte au chappitre de Varedes (art. 173), où a esté rendu des grans cens dessus la fontaine d'Artueil 6 l. 4 s. 9 d., et les parties redevables des grans cens qui ont esté en valoir durant ceste regale ne montent que la somme de. . . *(en blanc)*, dont la moitié a esté receue cest an, et l'autre moitié est reprinse cy-après en dons et remissions, et le surplus montant. . . *(en blanc)* a esté et encores est en non valoir, pour semblable cause que dessus ; de laquelle somme de. . . *(en blanc)*, pour lesd. grans cens en non valoir,

la moitié est reprinse cy-devant en dons et remissions. Pour ce, pour l'autre moitié en non valoir et non receu (1) . . . . (*en blanc*).

Deniers paiez au receveur general de Champagne et Brie. — 253. (2) — A maistre Jehan de Bethisy, notaire et secretaire du Roy et receveur general des pays de Champaigne et Brie, monseigneur de Salisbury estant gouverneur desd. pays, par quittance du 8ᵉ jour de juillet 1425. . . . . 90 l.

Despense à heritage en deniers. — 254. — Aux doyen et chappitre de Meaulx, qui chascun an ont acoustumé de prendre sur les revenues dudit temporel 13 l. 10 s. au terme de Tiphaine (3), pour les anniversaires de lad. eglise; c'est assavoir pour l'ostel de l'evesque seant à Paris près de l'ostel Saint-Pol, qui est dud. temporel, 10 l.; pour le .O. (4) dud. evesque 20 s.; pour les matines de saint Guillaume, 20 s.; pour la maison qui fut Sezaye 20 s.; et pour la maison de la Monnoye 10 s. Neant paié durant ce regale, pour ce que jà pieça lesdiz de chappitre ont delaissié et quitté à tousjours à monseigneur l'evesque lesd. 13 l. 10 s., au traictié fait entre eulx de l'exempcion desd. de chappitre exemps de la juridicion dud. evesque et en recompensacion d'icelle. Pour ce, cy ne doresenavant . . . . Neant.

255. — Au tresorier de lad. eglise, qui chascun an a acoustumé de prendre sur lad. recepte 30 s.; c'est assavoir 20 s. pour le donjon et 10 pour le fief de Congy, au terme de Noel. Pour ce. . . . . . . 30 s.

256. — Aux hoirs de Jehan des Murs, escuier, pour cens à lui deuz chascun an à la St-Remi, pour une pièce de bois ès bois de Germigny, qui sont tenuz de lui, 5 s. Pour ce. . . . . 5 s.

257. — Aux Religieux, prieur et convent de l'eglise St-Eloy de Paris, qui ont acoustumé prendre chascun an, au terme de St-Jehan-Baptiste, la somme de 7 l. parisis de rente, en et sur l'ostel de l'evesque de Meaulx, assis à Paris en la rue St-Pol, neant, pour ce qu'il n'a pas reçu les deniers des louages dudit hostel, et les a receuz Thierry Mori-

---

(1) Suivent une quinzaine d'autres articles de non-reçu, assez semblables à celui-ci, et que nous supprimons pour ne pas trop allonger cette publication.

(2) Cet article et les suivants jusqu'à la fin manquent dans le compte de 1425-1426; ils sont extraits du compte de 1423-1424.

(3) Fête de l'Épiphanie.

(4) La signification de cet O majuscule entre deux points nous est inconnue.

son, etc (voir art. 137). Lequel commis a paié lad. rente des deniers desd. louages. Pour ce . . . . Neant.

Despense pour le gouverneur de la juridiction de lad. temporalité. — 258. — A maistre Emery de la Vacherie, licencié en loys, commis et establi le 30ᵉ jour d'avril 1422 par monseigneur le bailli de Meaulx au gouvernement et exercice de la juridicion temporelle dud. evesché, à telz gaiges qui pour ce luy seroient tauxez; lequel maistre Emery a vacqué à l'exercice et gouvernement de lad. juridicion depuis lad. commission durant la regale; et pour lesdiz gaiges mon dit seigneur le bailli de Meaulx, par ses lettres données le 12ᵉ jour d'avril 1423 avant Pasques, eu sur ce par luy advis et deliberacion et conseil à nosseigneurs des Comptes et à monseigneur le procureur general du Roy, luy a tauxé la somme de 10 l. par an, à compter depuis ledit 30ᵉ jour d'avril 1422 et du temps de là en avant, tant qu'il exerceroit le fait de lad. juridicion durant la regale. De laquelle juridicion les exploix escheuz au siège de Meaulx sont cy-devant renduz en recepte; auquel siège resortissent plusieurs hostes et subgez de monseigneur l'evesque de Meaulx, demourans tant à Meaulx, à Villenoil comme aillieurs, en plusieurs lieux. Pour ce. . . . . 10 l.

259. — A Pierre Bouquin, procureur commis et ordonné par led. mons. le bailli de Meaulx sur le fait de lad. juridicion temporelle, pour garder et poursuir les drois d'icelle juridicion; auquel Pierre Bouquin mons. le bailli, par lettres données le. . . (*en blanc*) 142., a tauxé pour ses gaiges et salaire la somme de. . . . . (*en blanc*).

Despense pour sergens de bois. — 260. — A Jehan Le Dru, sergent des bois de Germigny, commis, ordonné et establi par mons. le bailli de Meaulx, pour garder lesd. bois d'estrangers, à telz gaiges que pour ce lui seroient ordonnez et tauxez; lesquelz gaiges mons. le bailli à tauxez à la somme de . . . .

Voyages et portaiges de deniers à Paris. — 261. — Au receveur (Jean Hugot), lequel a esté et sejourné à Paris au mois de juing 1424, pour veoir l'estat des receptes et mises faites par Thierry Morison, commis à recevoir les deniers des louaiges de l'ostel de l'evesque de Meaulx seant à Paris devant St-Pol, et à faire faire les reparacions necessaires aud. hostel, assavoir si ce qui estoit fait souffisoit pour preserver led. hostel de cheoir en ruyne et si des deniers desd. louaiges on povoit aucune chose recevoir deslorsenavant pour le Roy. En faisant lesquelles choses icellui receveur a vaqué par quatre jours. Pour ce, à 20 s. par jour . . . . 4 l.

262. — Au receveur, pour despens par luy faiz à venir de Meaulx à Paris pour rendre ce present compte, sejournant illec en rendant et atendre la cloture d'icellui et prendre par escript les arrests et charges illec mises ; où il a vaqué par. . . (*en blanc*) jours entiers, comprins son retour de Paris à Meaulx . . . .

Extrait du *Bulletin de la Conférence d'Histoire et d'Archéologie du diocèse de Meaux.* (IIe volume, n°s 2 et 3).